J'aime pas le lapin

histoire d'un garnement du bocage normand
dans les années 40-50

nouvelles

Jacques FERMIN

© 2011, Fermin
Edition : Books on Demand
12/14 rond-point des Champs Elysées
75008 Paris
Imprimé par Books on Demand, Norderstedt, Allemagne
ISBN : 9782810621972
Dépôt légal : novembre 2011

Zéro heure	*7*
La règle	*13*
La Marie	*21*
Ma Jersey	*27*
La grosse tante	*35*
Les obus	*41*
L'olécrane	*51*
Le carré d'eau	*59*
J'aime pas le lapin	*65*
T'es bon à rien	*75*
Les tinettes	*81*
Cui-cui	*89*
Le dix-cors	*99*
L'oncle Jules	*105*
Midi - 19 heures pétantes	*115*
Le personnel	*127*
L'éducation politique	*135*
La Rosalie	*141*
Le collège	*153*
Le redresseur	*161*
La gnole	*171*
Les vieilleries	*183*

Zéro heure

Nous sommes le 29 décembre sur le coup de 17 heures. Pour moi il est 0 heure.

Ma mère est dans sa chambre, alitée et haletante. Mobilier des années trente en chêne clair verni : un lit avec une tête et un pied, court parce que les humains étaient plus petits qu'aujourd'hui, une table de nuit à marbre noir, une armoire à glace à trois portes, petites affaires de ma mère à gauche, celles de mon père à droite, au milieu draps en fil brodés et ajourés.

Sur chaque meuble, un motif fleuri sculpté en relief, des anémones. Sur la table de nuit, la lampe de chevet, un abat-jour en peau de porc supporté par une bouteille de chianti empaillée, très « mode » à l'époque. Dans le tiroir, caché sous les thermomètres, « Les Aventures du roi Pausole », de Pierre Louÿs, que mon père consultait pour se mettre en train.

Attenant à la chambre, le cabinet de toilette familial, pour les parents et par la suite pour les trois enfants. Au fond sur le mur, une grande glace encadrée dans du bambou, sur la table une cruche et un vase de faïence, sous la table le seau hygiénique émaillé bleu. Lorsque la cruche est vide, il faut aller chercher de l'eau à la pompe dans le jardin, et lorsque le seau hygiénique est plein on doit le vider dans le potager. Bien entendu, mais là j'anticipe, quand nous fûmes trois enfants, la cruche était toujours vide et le seau toujours plein. Personnellement, car je ne peux pas parler pour mes soeurs qui sont très propres sur elles, il m'est arrivé fréquemment de me « priver » de me laver, voire même d'utiliser l'eau sale restée dans la vasque, plutôt que d'aller en chercher à la pompe.

Quant au seau hygiénique, j'ai toujours prétendu ne pas être concerné, jurant avoir pris mes précautions avant de me coucher.

Bon, revenons à ma mère qui « kusse » (kusser : pousser avec effort) de plus en plus. En haut d'un escalier vrillé, en chêne ciré meurtrier, se trouve la chambre qui est juste face à l'église, ce qui permet de voir l'heure quand on veut à l'horloge, d'entendre la cloche sonner les heures, les quarts d'heure et les demi-heures, et même de consulter le coq du clocher pour savoir d'où vient le vent, toutes choses très utiles quand on est dans une chambre à coucher.

Dehors il « est » déjà nuit et il fait un froid à crever. Dedans, avec toute l'agitation des bonnes femmes et le poêle à charbon (un Mirus) poussé à fond, il fait presque tiède mais ça sent le soufre et ça pique les yeux. Mon père est en bas dans la cuisine où il fait semblant de lire le journal et alimente fébrilement la cuisinière à bois sur laquelle chauffent de grandes bassines d'eau. Au-dessus du feu, sur un fil, une « flopée » de serviettes éponge et de langes à tiédir.

Dans la chambre, soeur Eulalie, religieuse arthritique plus ou moins infirmière, et la préposée au lavage du linge, une rustique, s'affairent.

Et tout d'un coup, la rustique gueule : « Ça vient, faut aller chercher le docteur ! » Mon père, toujours prêt à rendre service, enfourche son vélo et fonce dans la nuit, tremblant de froid car il a oublié de mettre sa veste et son béret.

Dix minutes après on entend le bruit caractéristique du moteur de la Cinq Chevaux Trèfle. C'est le toubib, allure d'aviateur anglais, veste de cuir glacé, culottes de cheval, bottes fauves astiquées, lacées sur le devant jusqu'au genou. Il grimpe quatre à quatre sans même enlever ses bottes.

« Poussez, poussez, mais poussez donc ! » Et puis un enfant vagit, un garçon s'il vous plaît. C'était moi. Va-et-vient dans l'escalier de bassines d'eau chaude, d'eau sale, draps rougis, draps propres. Mon père est convié pour que je lui sois présenté. « Il est ben "rupitu" vot'gars », dit la rustique (rupitu : vigoureux). Je me suis mis à gueuler, mon père a tisonné le Mirus, ouvert la fenêtre pour aérer un coup.

Soeur Eulalie : « Et comment vous allez l'appeler vot'fils ? », « Jacques, parce qu'on est dans l'année des J. » Mon père était chasseur, aussi, rétrospectivement, je me suis demandé s'il n'a pas confondu avec son chien courant pour l'année des J.

Malgré le gel, je fus baptisé dès le lendemain matin, car lorsque Dieu rappelle à lui un nouveau-né non baptisé, et s'il est de mauvais poil, il pourrait l'abandonner dans les limbes pour la nuit des temps, « ne prenons pas de risque ».

L'eau du bénitier était gelée, alors suis-je vraiment baptisé ? Ça me fait comme un froid avec l'Eglise.

Aujourd'hui, 613 000 heures après cette histoire, je dors dans le lit en chêne verni où je suis né, et dans lequel ma mère est morte. Il est bien confortable.

La règle

Cinq ou six ans et des poussières. La date est floue, mais ça doit être cinq ans car ma mère a toujours prétendu : « Le gamin est très en avance », ce à quoi mon père ajoutait : « Y'a que la foi qui sauve. »

Il est huit heures ce matin et ma mère m'attife pour mon premier jour d'école. Chaussettes tricotées, brodequins à semelle en bois, culottes courtes en drap bien solide sans braguette avec des bretelles (un enfer pour aller pisser), chemise en finette avec col rabattu sur le pull ras du coup pour éviter l'irritation de la peau par la laine brute. Blouse en satinette noire boutonnée dans le dos avec une petite ceinture de même tissu nouée par derrière, une camisole de force en quelque sorte. Un béret bien vissé, un cache-col fermement noué qui gratte, pas question de l'enlever : « Il faut que tu sois net. »

Une grande sacoche en cuir qui traîne par terre, « comme ça elle te servira jusqu'au bac », dedans, mon cahier de correspondance, un cahier vierge et mon plumier tout neuf, décoré multicolore d'une scène joyeuse de cour d'école. Dans le plumier un porte-plume rouge intact, une boîte de plumes Sergent Major, une gomme, un pot de colle blanche, un buvard jaune « Y'a bon Banania » et un autre rose « Du beau, du bon Dubonnet » que la Marguerite, notre voisine épicière, m'avait donnés.

Allez on y va, « j'ai qu'le temps d'aller et r'tour avant d'ouvrir mon magasin ». « Fouette cocher », accroché à ma mère on dévale le bourg. Ma grand-mère, devant sa porte, guette notre passage et proteste de ma mère trop pressée. Il n'y a pas à tortiller, il faut s'arrêter un moment, le temps que j'avale le ramequin de crème aux œufs que ma grand-mère a préparé pour moi.

Une bise rapide et ma mère m'abandonne à la grille. Terrorisé. Le bruit infernal des grands qui se « turbulent » en criant, la puanteur des pissotières, ils ont tous des blouses grises sauf moi. Raide comme un piquet sur le perron, la maîtresse, une grande noiraude sèche et anguleuse, les yeux comme des billes furibardes, me regarde. Si j'avais eu des poils sur le dos, ils se seraient mis debout, comme font les bêtes traquées.

La furibarde sonne la cloche, « tout le monde en rang, plus vite que ça, les petits devant », vraiment pas moyen de se planquer.

La règle

En me pinçant la joue, limite douloureux : « Et comment il s'appelle ce gentil garçon ? », « Jacques », « On dit : Jacques, Mademoiselle », « Oui, Mademoiselle », « Jacques comment ? », « Jacques Fermin, Mademoiselle », « Ah ! c'est donc toi ! Ta tante* m'a recommandé de te faire bien travailler, tu vas te mettre au premier rang, juste devant moi. » Merde, confusément je pensais que j'étais plutôt fait pour les fonds de classe, j'avais pas du tout envie d'être distingué (à cette époque).

Le bois du petit bureau à deux places (mais je suis tout seul) est encré profond, malgré des grattages et des grattages avec des tessons de bouteille d'avant les grandes vacances. Encastré dans la table, un encrier en porcelaine blanche, une goutte d'encre violette sur le bord. Tout est bien propre, le bureau, l'encrier, le cahier, la serviette, l'élève, le plumier, tout, tout.

« Bonjour les enfants, vous me direz vos nom et prénom quand je vous le demanderai. Toi, enlève ton béret et donne-moi ton nom », « Le Plessis », « Et où tu habites ? », « Ben j'vins d'vous l'dire, à Le Plessis », « On dit : Mademoiselle. Et ton nom alors c'est comment ? », « Mam moiselle, j'ai pas d'autre nom, Le Plessis », « Le Plessis ce n'est pas le nom de la ferme qui fabrique du calvados ? », « Mam' moiselle, mon père y fait de la gnole, pas du calvados ». L'institutrice se marmonne : « Celui-là il n'avait pas que du lait dans son biberon, archi-bouché, on n'en fera rien » (pour plus de précision, voir le chapitre « La gnole »).

« Je m'appelle Germaine Duracuir, vous m'appellerez Mademoiselle. Plus tard, beaucoup plus tard si vous travaillez bien, je vous autoriserai à m'appeler Mademoiselle Germaine, ce sera votre récompense. »

Manifestement tout le monde s'en fout, mon voisin est concentré sur la crotte qu'il vient d'extraire de son nez, roulée, re-roulée, durcie entre le pouce et l'index, il est en train de se demander à qui il va pouvoir l'expédier, il a le regard par en dessous, c'est un « souton », ou si vous préférez, un hypocrite. Les autres, dans leur tête, sont déjà au ramassage de pommes de la soirée, pressoir, cidre doux à s'en foutre la chiasse, en espérant que le vieux picolera pas trop, sinon, raclée pour tout le monde.

« Bien, les enfants, aujourd'hui nous allons découvrir le porte-plume. Sortez votre porte-plume, vos plumes de votre plumier et votre cahier. »

La plupart ont pas fait plusieurs kilomètres en sabots pour s'encombrer avec du matériel : « J'ai pas d'plumier », « C'est une plume de quoi qu'vous voulez ? », « C'est quoi un porte-plume ? »

La règle

La Duracuir se durcit et se fait un engouement de contrariété : « Ils pensent à quoi vos parents, savent-ils seulement que vous êtes à l'école ? Demain si vous n'avez pas tout ce qu'il faut, restez chez vous. Bon, les autres levez la main si vous avez un porte-plume. » On est cinq, l'élite.

« Vous prenez la plume et vous logez le bout arrondi dans la partie métallique du porte-plume. Ouvrez votre cahier, nous allons faire un dessin pour vous familiariser avec la plume. » Chacun s'échine à enfoncer la plume, y arrive non sans se piquer le doigt, plume plus ou moins branlante.

« Toi Fermin, que vas-tu dessiner ? » Je ne comprends pas tout de suite parce que c'est la première fois qu'on m'appelle Fermin, j'en suis estomaqué, et offensé.

« Et alors Fermin, réponds », « Ben j'sais pas Mad'moiselle », « Sais-tu par exemple ce qu'est un carré ? », « Ben oui, y'en a dans le magasin de ma mère », « Ah bon, et ils sont comment les carrés de ta mère ? », « Ben j'sais pas, Mad'moiselle, y sont pliés dans du papier de soie ».

Duracuir arrête l'interrogatoire et dessine un carré au tableau. « Voilà un carré, reproduisez-le sur votre cahier. » Elle prend sa grosse règle noire dans la main droite et s'en tapote la paume de la main gauche, descend de l'estrade et vient se placer juste derrière moi.

Plume trempée au fond de l'encrier, transport, pas le temps d'arriver au cahier, grosse tache sur le bureau.

Vlan ! la règle est tombée sur ma main, le porte-plume éjecté laisse une traînée violette sur le bureau. « C'est du propre Fermin, c'est du propre ! Trempe juste le bout de la plume dans l'encrier. » Je trempe et tremble, je trace sur le cahier, rien, je mouille la plume avec ma langue, rien, je retrempe. « Cette fois-ci fais bien attention à ce que tu fais. » Je trace en descendant, tout va bien, maintenant faut remonter, c'est autre chose, ça butte, ça bêche dans le papier, ça bloque, je pousse, ça lâche d'un coup, la plume libère une pluie de gouttelettes d'encre. Vite le buvard, encore faut-il l'appliquer légèrement sinon c'est du Rorschach, c'est le cas. « Tu le fais exprès Fermin, c'est pas possible ! Montre ta main, serre tes doigts. » Et vlan, un méchant coup de règle. Putain que ça fait mal. La Duracuir, allez savoir pourquoi, j'étais en train de la prendre en grippe.

Ce soir-là en rentrant à la maison j'étais maculé, les mains, la figure et la langue violette à force de sucer ma plume. Opprobre familiale.

Maniaque de la règle, la Duracuir n'avait pas compris que j'étais un réfractaire, alors elle s'acharna. Il ne fallait plus seulement tendre la main, il fallait en plus la poser bien à plat sur le bureau, ainsi le coup portait beaucoup mieux.

La règle

Un jour, rentré à la maison, je garde mes mains dans mes poches, c'est suspect. « Montre tes mains toi, t'as encore fait des conneries. » Une baffe m'arrive, c'est la règle. Quand même, les phalanges sont noir jaunasse, le poète dirait mordorées. Ça émeut. « Faut pas exagérer, on va en parler à la tante. » Cela n'a rien changé, dans l'enseignement on se tire pas dans les pattes. La seule chose que j'aimais dans cette école c'était la colle blanche au goût d'amande. J'en bouffais un pot tous les trois jours. On a les bonheurs qu'on peut.

Grâce à la Duracuir, j'ai tout de suite compris que j'avais une tête à claques et que j'aurais pas dû m'appeler Fermin.

---

* Ma tante Marie, dite « Tantine », était directrice d'école, socialiste convaincue et syndicaliste très influente.

La Marie

Six ans et des poussières. C'est le débarquement, les Américains s'apprêtent à raser la Basse-Normandie pour que le général Leclerc puisse devenir un héros.

« On va mettre les gamins en sécurité chez la Marie, et là-bas y'a tout ce qu'il faut pour bouffer. » Cette dernière remarque me paraît quelque peu déplacée aujourd'hui, car en fait à la maison on avait tout ce qu'il faut, mon oncle Jules était le boulanger du village, et en cette période de tickets alimentaires qui organisaient la disette, nous, on bouffait des tartines de pain blanc grassement beurrées, avec des fraises du jardin écrasées, et saupoudrées de sucre par-dessus le marché.

La Marie, fermière à la quarantaine épanouie, était alors une amie de la famille, tous les samedis matins depuis vingt ans elle nous livrait deux kilos de beurre.

Toujours en blouse noire, elle était très joyeuse parce que veuve prématurément. Son mari avait disparu à 30 ans, complètement cramé par le calvados, un produit bio, pourtant ! Elle avait de bons gros nichons, aussi mon père lui disait qu'elle était intelligente.

La ferme de la Marie était à cinq ou six kilomètres de la maison, et nous y allions souvent à vélo pour y chercher du lait fraîchement trait, ou pour y manger des cerises et des framboises à la crème. De ce fait, à la ferme, nous y étions un peu comme chez nous et comme des coqs en pâte.

Un bombardement de la ferme était probable. A force de voir passer des vagues et des vagues de centaines de forteresses américaines, d'aucuns disaient : « Un de ces jours, ils vont nous lâcher une ou deux bombes, soit par inadvertance, soit par taquinerie. »

Il y avait d'abord un bruit lointain, tout le monde dehors, cou tendu vers le ciel. « Je vois le chasseur, il vient sur nous », point noir minuscule tout là-haut que j'étais le premier à repérer, la vague immense arrivait derrière. Nous courrions nous abriter dans la tranchée, vrombissement de fin du monde, puis vrombissement déclinant, puis le grand barouf.

Ouf ! C'était pas pour nous ! On n'est pas des chiens, mais ça fait quand même plaisir que ce soit pour les autres, et les hommes, bravaches, arrosaient ça d'un coup de cidre. Pendant les bombardements de Caen, soit une vague toutes les demi-heures, alors autant rester près du tonneau, à la fin de la journée je vous dis pas la liesse. Une fois, les forteresses se sont déversées sur une gare de triage à trois kilomètres ; le ciel est devenu noir d'un coup, plein de petites escarbilles qui terminaient de brûler, la nuit à midi.

Le Jean, commis en chef, ossu massif, était au mieux avec la Marie, voire même très familier. Par exemple il disait à la fin du repas de midi, qui était en fait à deux heures parce qu'on fonctionnait à l'heure du soleil : « Allez la patronne, on va à l'herbage. » Toute la tablée se marrait, je me demandais bien pourquoi. Le commis adjoint, marié avec six gosses, disait au Jean : « T'as d'la veine toi, tu baises pas à ton compte. » Comprend qui peut.

Les réfugiés arrivaient en masse, charrettes à bras ou attelées, camionnettes, voitures. Matelas, chaises, ustensiles de cuisine, débordaient de partout. La Marie accueillait tout le monde à bras ouverts mais avec autorité : « Vous dans le fenil, vous dans la grange, vous dans l'étable, vous dans l'écurie, n'énervez pas les chevaux, et ce soir, soupe à 9 heures "au soleil". »

Grandes tablées dehors, assis sur des « bancelles », sorte de bancs en bois, soupe au chou avec saucisses, gros morceaux de lard froid coupé à même le bois de la table, quignons taillés dans des pains de dix livres, beurre salé dans de grands pots en grès, carafes de cidre sitôt vidées sitôt remplies au pas de course. La France crevait de faim. Fesses pincées, jupes retroussées, visage des filles empourpré, c'est la guerre hein, on ne va pas s'emmerder, rigolons, rigolons.

Après ces ripailles, des gars et des filles montaient à l'échelle du fenil, la fille toujours devant, histoire d'en pincer un peu plus, et ils rigolaient encore. Moi je n'avais pas le droit de monter. Cette guerre vue de chez la Marie, c'était à la fois « Le jardin des délices » et la cour des miracles.

Il y avait aussi le Grand Gaston, sec comme une trique, muet comme une carpe, genre « L'homme qui marche », communiste et patron de la Résistance du coin, ce qui était un secret. Je connaissais ce secret parce qu'un jour deux motards allemands étaient venus fouiner et j'avais suivi le Grand Gaston qui s'esbignait, soulevait une botte de paille, et disparaissait dans un trou sous le tas de fumier. La Marie m'avait fait jurer sur la tête de ma mère de n'en parler à personne. Je l'ai dit à ma mère en la faisant jurer sur la tête de mon père de ne pas dire que je lui avais dit. A partir de là, quand ma mère venait nous visiter à la ferme, elle regardait le Grand Gaston avec des yeux qui disaient : « Tu sais que je t'admire mon grand. »

Cœur gros comme ça, la Marie nourrissait tous les réfugiés gratos ; en partant, certains lui offraient un objet dérisoire. Dame courage, elle abritait le PC de la Résistance, au risque de sa peau.

A la Libération, personne ne lui a proposé la Légion d'honneur.

Ma Jersey

Six ans et des poussières, toujours chez la Marie. La Jersey a été mon premier amour. Elle était rousse et blonde, grands yeux noirs pleins de bonté et maquillés comme ceux du sloughi. Autant dire une gazelle au milieu du troupeau des grosses normandes. Un petit gabarit comme je les ai toujours affectionnés.

La Jersey était à moi, la Marie me l'avait donnée. La vache de race jersey vient de l'île du même nom, aussi j'avais une grande admiration pour la mienne qui avait traversé la mer toute seule pour venir jusque chez nous. Beaucoup plus petite que les autres car, « dans les îles, les champs sont plus petits qu'en Normandie », m'avait expliqué Marie.

J'ai tout de suite été pris d'affection pour elle, et elle me le rendait au centuple ! Je lui faisais des visites plusieurs fois par jour, et dès que j'ouvrais la barrière du champ, de très loin elle tournait sa tête vers moi et ne me quittait plus des yeux jusqu'à ce que je lui gratouille le front, alors elle meuglait de bonheur. (Je ne savais pas à l'époque que les vaches sont myopes comme des taupes et qu'elle devait donc me repérer à l'odeur, vu que chez la Marie on ne se lavait que dans la mare vaseuse quand le temps était au beau.)

Tous les soirs, je partais au champ avec mon seau et mon petit banc trépied pour la traire. Il fallait qu'elle veuille bien, un coup de pied dans le seau et tout le lait était foutu. Je calais bien mon trépied, ma tête appuyée affectueusement contre son flanc, et commençais par lui caresser l'intérieur des cuisses pour voir son humeur. Si elle se mettait à pisser c'est qu'elle était contente, éloigner le seau à lait de la cataracte, car c'est quelque chose !

Confusément ça m'offensait que la Jersey pisse avec aussi peu de retenue devant moi, c'est comme si une femme pétait pendant qu'on lui fait l'amour. Tenir le seau fermement entre ses genoux et tirer sur deux des quatre pis en pressant fermement sur le renflement du bout, c'est un coup de main à prendre. Ça gicle raide et ça mousse.

Ma Jersey me donnait cinq litres de lait tous les jours, j'en buvais au moins un demi-litre à même le seau, tout chaud, tout mousseux ; qui n'a pas fait ça, ne connaît pas le vrai bon goût du lait.

En même temps la Marie et ses deux commis trayaient les trente vaches « ordinaires » qui, elles, donnaient chacune au moins quinze litres quand les champs étaient fleuris et que l'herbe était haute. Mon lait était traité à part, du pis au beurre. Quand ma « jeanne » de 20 litres était pleine, Marie et moi on passait à la fabrication de la crème. L'écrémeuse est une machine en métal brillant, mystérieuse. On verse le lait dans le réceptacle du haut et on tourne la manivelle. Pour moi c'était très dur au début car il faut que la machine prenne son élan. Le lait passe à travers un tas de petites pièces métalliques à trous qui tournent très vite. La force centrifuge sépare la crème, qui parce que plus légère, sort par un petit tuyau sur le côté. Le reste tombe dans un bidon sous l'écrémeuse, c'est le « petit lait » clairet que les jeunes veaux adorent et qui, mélangé avec du son et des patates bouillies, fera le délice des cochons.

Phase finale, le crème est soigneusement versée dans la baratte, autre machine tournante mais beaucoup plus rustique. C'est un cylindre en bois avec des hélices à l'intérieur qu'on fait tourner avec une manivelle. Au contraire de l'écrémeuse c'est facile quand on démarre, puis de plus en plus dur à mesure que la crème se transforme en beurre. Au jugement de l'effort sur la manivelle la Marie disait « c'est bon ». On vidait la baratte à la main, sans en oublier un miette, la finition se faisait avec les ongles, qu'on nettoyait après avec un couteau, fallait rien perdre.

Souvent la Marie disait : « Y sue core trop. » C'est ce que j'espérais car alors il fallait « poignasser » longuement le beurre pour en faire transpirer le « petit lait » qui restait. J'adorais ça, un vrai plaisir sensuel.

Quand le beurre avait tout sué, on le tassait dans des moules en bois d'un kilo. Le fond du moule était sculpté et représentait en général une vache à l'herbage. La sculpture de beurre était présentée à table sur une feuille de rhubarbe. Il fallait l'entamer proprement à un bout, et malheur à celui qui aurait pioché n'importe où.

Mon beurre, jaune paille, avait un léger goût de noisette. Je crains qu'on ne sache plus aujourd'hui que, dans un même village, le beurre

Ma Jersey

de chaque ferme a une couleur et un goût différents, du jaune coquille d'œuf au bouton d'or, du cassis à la noisette. Il semble bien que maintenant on mélange tout ! D'ailleurs ça ne s'appelle plus du beurre, on dit des plaquettes.

De l'herbe grassement verte, puis de la crème blanche comme de la neige, puis du beurre doré, ce miracle m'éblouissait.

Tout ça était trop beau, les affaires vont se gâter quand la Marie me dit : « Tu sais, j'vas mette la Jersey au "tauriau", mais va falloir qu'je regarde d'abord si ol'est ben chaude. As-tu vu une aut'vache lui monter su' le dos ? » « Ben non. » « Alors c'est qu'elle est point assez chaude, j'vas la fouailler. »

Vous ne savez peut-être pas que dans un troupeau, lorsqu'une vache est en chaleur, toutes les autres lui montent sur le dos ? Ben si, c'est pas le contraire. Pourtant à la ferme je n'ai jamais entendu dire qu'il y ait des vaches avec « des mœurs », alors c'est quoi encore ce mystère ?

La fouaille consiste à ramasser un paquet d'orties, à en faire une boule et à en frotter vigoureusement l'intérieur de l'arrière-train de la vache, jusqu'au coude. La Marie : « Tu vas ver qu'avec une fouaille pareille é va pas m'rfuser l'tauriau ! » A ma connaissance ce procédé, qui a fait ses preuves, n'a jamais été utilisé chez les humains. Freud, qui s'est beaucoup intéressé à la frigidité des femmes, aurait bien fait d'aller faire un tour à la campagne, ça aurait évité pas mal de dégâts.

Bien entendu cette façon triviale de la Marie de mettre son bras dans le cul de ma Jersey et de la ramoner avec des orties me faisait du chagrin, alors pendant un petit moment j'étais en délicatesse avec elle. Ceci dit, la Jersey ne semblait pas s'en plaindre. Etonnant, non ?

Le lendemain c'est le grand jour, « on va au taureau », qui vit seul dans un champ très bien clôturé, car le taureau est tout à fait asocial. A peine arrivés à la barrière qu'il est déjà là, un monstre de bidoche et d'agressivité, trois fois plus gros que ma Jersey, furibard, il percute la barrière qui résiste de justesse. La Jersey passe son mufle et fait « meuuuuuh, meuuuuh ! ». La Marie traduit : « Ol'est d'accord » et entrouvre. La Jersey se précipite dans le champ, le taureau la lutine durement à coups de cornes, et ça batifole, ça batifole, ma vache est bousculée, renversée les quatre fers en l'air, se relève, sautille, gambade, en un mot elle s'ébaudit. J'étais affligé de tant d'allégresse de la Jersey, et la voilà qui se relève et qui présente son arrière-train.

Ma Jersey

Le taureau, ce gros salaud, lui monte sur le dos, sort de son ventre une carotte rouge, énorme, qui pue l'infection à dix mètres, et l'enfourne dans le train de ma vache.

Ainsi je me surprends à dire « ma vache » et pas « ma Jersey » car je commence à prendre mes distances.

Et que je te pousse et que je te pousse, le taureau ne fait pas grâce d'un centimètre, je me demande où la Jersey peut mettre tout ça ! La vache fait « meuh, meuh, meuh », et puis « meuuuuuuuuuh ! » La Marie traduit : « Ol'est contente, ol'a ben tout pris. » Le taureau rengaine son pieu, se laisse retomber, se couche dans l'herbe. Je m'attendais à ce qu'il sorte son paquet de cigarettes et s'en allume une, mais non.

Pendant que le taureau fait son petit somme d'après coup, on récupère la vache, qui manifestement est sereine et apaisée. Heureuse quoi, c'est dur à dire.

C'est la Marie qui la conduit au licou, c'est pas moi. Je marche derrière, la queue basse.

J'étais cocu.

La grosse tante

Sept ans et des poussières. Cette tante lointaine, je ne sais plus de quelle branche elle était, pesait dans les 130 kilos et portait des verres comme des culs de bouteille.

Elle n'y voyait rien, donc craignant de se blesser avec ses ciseaux elle ne se coupait les touffes de poils du nez et des joues qu'à mi-longueur, genre hérisson de ramonage, ce qui la rendait difficilement fréquentable.

Néanmoins c'était une brave femme.

Mon cousin et moi on jouait avec elle tout seuls parce que elle, elle ne savait pas jouer. Par exemple on lui cachait un de ses sabots, jamais les deux, histoire de la voir claudiquer comme un éléphant et espérant qu'elle tombe « cul par-dessus tête », alors elle tournait comme un derviche et vociférait : « Sacripants de boudiou ! Sacripants de boudiou ! » Tout ce raffut parce qu'elle ne savait pas jouer.

On aurait bien aimé lui voler ses lunettes aussi, mais ça n'a jamais été possible vu qu'elle couchait avec, de crainte de ne pas pouvoir remettre la main dessus le lendemain matin. On n'en a pas fait une maladie car il était beaucoup plus important pour nous de réussir à la mettre « cul par-dessus tête », pour parvenir à éclaircir le mystère du dessous.

Elle portait des jupes à plusieurs épaisseurs, crottées, longues à traîner par terre, à se demander même si elle avait le même nombre de jambes que tout le monde.

Comment faire pour voir le dessous, et surtout, avouons-le, le haut du dessous et si possible le très-haut, ce qui serait inespéré ?

Ainsi que font les braqueurs de banque avant d'agir, nous nous sommes mis en planque pendant une semaine pour observer ses allers et venues et ses habitudes.

Nous avons été très intrigués par le fait que tous les jours vers 9 heures du matin, elle allait pisser sur le fumier du jardin. En fait, par prudence elle pissait au très bord. Pourquoi donc pissait-elle là alors qu'elle vidait son seau hygiénique au même endroit régulièrement tous les trois ou quatre jours ? Bien que cette question soit annexe à ce récit, nous y avons beaucoup réfléchi et nous y répondons. La tante devait emprunter un escalier de bois pour descendre au jardin et un jour le seau s'est renversé avec le solide et le liquide, et s'est, bien entendu, répandu du haut en bas, très difficile à nettoyer, notamment parce que la tante était plus large que l'escalier. Huit jours après c'était toujours glissant et malodorant. Déduction faite, on s'est dit que la tante avait décidé de n'utiliser son seau que pour du solide, et pour ce qui est du pipi, directement sur le fumier. Ça lui faisait ainsi moins de voyages scabreux.

Le fumier du jardin c'est un trou précieux parce qu'une fois le mélange bien macéré, surtout le papier journal, cela faisait un engrais extraordinaire pour le potager, mieux que le guano, justement parce que dans le guano il n'y a pas de papier journal, c'est dire si les oiseaux ont le cul sale.

Notre stratagème pour voir le haut du dessous prenait corps. Sur le coup de 9 heures moins le quart, nous nous sommes donc installés, accroupis recroquevillés au maximum tout au bord du trou et on attend. Les neuf coups de 9 heures sonnent au clocher du village, la voilà qui s'amène avec ses sabots en bois, cloc, cloc, cloc, rien à craindre elle ne voit pas à un mètre.

A deux mètres elle se retourne, se penche en avant, se trousse jusqu'à la ceinture et avance en marche arrière prudemment, doucement parce que sinon elle perd ses sabots. Déjà on voit qu'en dessous elle a deux jambes et un pantalon « festé » d'une adorable dentelle qui lui descend jusqu'au genou. Quand est-ce qu'elle va l'enlever ?

Elle recule encore, le stress nous prend, on a déjà le nez à dix centimètres de son derrière, on n'a plus que la moitié du pied sur la terre ferme. Elle recule encore un poil, le nez touche, encore un poil et on plonge dans la merde, on en a jusqu'au cou. Elle écarte les jambes et elle pisse sans enlever son pantalon, jet large et puisant, genre pisse de cheval, qui nous en met plein la tête. C'est l'arroseur arrosé version pipi-caca. On ne bouge pas, on se mord les lèvres pour ne pas exploser de rire car elle n'était pas sourde, je ne vous dis pas le goût des lèvres ! On s'extrait dégoulinants du cloaque à quatre pattes et on envisage d'aller se présenter à la famille. Mon cousin me dit : « Eh ben mon vieux, on n'est pas dans la merde ! »

Rien vu ! même pas les fesses. Elle a pissé tel quel, sa culotte-pantalon, très éloignée du string, était fendue entre les jambes, donc pas besoin de l'enlever ! Frustrés les mecs. Ce n'est que beaucoup plus tard que nous avons découvert ce qu'il y avait tout là-haut, mais ce n'était pas le « tout-là-haut » de la grosse tante, si bien qu'on est restés sur notre faim.

Pas rancuniers on ne lui en a pas voulu, la preuve c'est que lorsqu'elle a été mise à la maison de retraite, on lui rendait des visites. La maison de retraite, fermement menée par la mère supérieure, sentait le pot de chambre mal rincé, aussi nous n'y allions que main forcée par la hiérarchie familiale.

Une fois, on arrive alors qu'elle prenait son repas avec sa compagne de chambre, face à face. C'était le menu « saucisses avec topinambours », trois saucisses chacune, une orgie.

Sa copine avance la main vers l'assiette de la tante, puis la recule, puis re-avance, « elle y voit la vieille ou pas ? », puis y va carrément, lui pique une saucisse et retire sa main vivement. Trop tard, comme l'éclair la main armée sous la table de la tante tombe et crucifie l'autre, fourchette à travers la main, dents deux centimètres enfoncées dans le bois. J'ai encore le hurlement de la vieille « cloutée » dans l'oreille. La tante ricanait sardonique.

C'était pas vraiment une mauvaise femme, la grosse tante, mais les maisons de retraite rendent les gens hargneux.

Les obus

On est en 1945-46 et il y a belle lurette que les boches se sont taillés. Comme des voleurs.

Ils ont laissé derrière eux toutes leurs saloperies de munitions, chargeurs de mitrailleuse, cartouches de fusil, obus de toutes sortes, petits, ventrus, longs, courts, à douille perforée, à pointe rouge ou jaune.

Ça traînait partout autour du village, laissés en vrac par des militaires pas propres, ou très bien rangés en tas immenses par des militaires bien propres.

Les parents disaient : « Faut pas y toucher, c'est pas à nous. » Je t'en fous, une aubaine pareille et faudrait pas y toucher ? D'autant qu'on savait que le bout s'enlève, puisqu'on avait tous sur la cheminée des douilles sans bout. Nos grands-pères poilus, quand ils avaient des loisirs dans les tranchées de Verdun, les ouvrageaient artistiquement pour en faire des briquets à essence ou des pots de fleurs. Donc quelqu'un avait bien enlevé le bout (l'obus), il n'y a qu'à trouver comment et comme ça on saura ce qu'il y a dans la douille.

Nous, trois garnements très liés, décidons donc de nous isoler dans le petit bois, un jeudi, pour explorer les possibilités de démontage. Nous avions apporté un marteau, commençons par ça. On prend un obus de trente centimètres de longueur seulement, faut pas être trop ambitieux au début. Obus appuyé sur une branche par terre, et on tapote, on tapote, on tapote, « tourne en même temps qu'on tape », dit celui dont le père était chaudronnier. On tapote, on tapote, et on tourne et on tourne, zobi, ça ne bouge pas. L'autre qui dit : « Tape plus fort, merde. » Alors on tape, on tape, on tape et on tourne, que dalle. Ça finit par énerver, alors on cogne, on cogne, on cogne, on cogne. Rien, zobi, que dalle. Merde de merde ! C'est pas la bonne méthode.

Il y en a un qui dit : « Je sais, on va en prendre un gros, dans les un mètre, douille bien coincée sous le bras, et on va cogner le bout contre un arbre. » Sitôt dit sitôt fait, car à cet âge on est encore dans l'efficace. A chacun son tour, parce que c'est usant. « Il a bougé, j'te dis qu'il a bougé. » En effet le bout branle. La victoire est proche. Et que je te re-tapote et que je te tourne, et que je te branle dans la douille et... et... l'obus tombe par terre, c'est gagné !

Les obus

On retourne la douille, c'est un gros paquet de macaronis qui tombe par terre, couleur gris-bleu. Nous venions de mettre la main sur un trésor.

Immédiatement nous avons baptisé « mèches » ces drôles de macaronis, et qu'est-ce qu'on fait avec une mèche, hein ? Et bien on l'allume pardi, pour voir ! Merde on n'a pas d'allumettes, on planque notre paquet de nouilles, et « on reviendra demain après l'école ».

On y est, « allume qu'une mèche pour le moment ». C'est moi qui la tient, c'est l'autre qui craque l'allumette, je ne suis pas complètement rassuré mais je ne suis pas un dégonflé. « Ben allume qu'est-ce t'attends ? », dis-je fier-à-bras. Ça brûle avec une violence inouïe. « Lâche-la, lâche-la, merde ! » Je la jette, bzz, bzzz, bzzz, ça vole dans tous les sens, ça revient sur nous, panique à bord. Imaginez le truc qui brûle en scintillant sur les gâteaux d'anniversaire en dix fois plus gros, mais qui se baladerait tout seul en l'air et qui vous cherche pour vous tuer.

Bref on ne maîtrisait pas encore la technique. Et puis l'idée de génie a été trouvée, mais ce n'est pas moi malheureusement, bien qu'ici, je l'avoue j'aie été tenté de me vanter, qui c'est qui aurait vérifié ? Mais bon, on est comme on est, hein ?

L'idée c'est de se mettre sur une surface bien propre, genre goudron de la route, la mèche par terre. Vous écrasez un bout avec votre pied, mèche légèrement pointée vers le haut, et vous allumez l'autre bout. Ça part comme un serpent de feu en zigzag à dix centimètres du sol. On venait d'inventer la fusée alors que Von Braun balbutiait encore.

Bien entendu les trois petits génies perfectionnèrent le système, et trouvèrent des variantes à l'infini : boucher une extrémité avec de l'argile, la fusée va beaucoup plus loin ; construire des rampes avec 10, 20, 50 mèches, c'est un feu d'artifice ; monter en haut des grands arbres et balancer les mèches allumées dans le ciel, superbe. Dans ce dernier cas ça foutait un peu le feu aux conifères, mais sans grands dégâts dans nos régions humides. De même le démontage de l'obus devint un jeu d'une simplicité enfantine, pas la peine de cogner comme des bêtes, taper sur le col, à la jonction de l'obus et de la douille, obus en porte-à-faux, en deux temps trois mouvements l'obus est par terre.

Ainsi, en fonction de notre programme de recherche, nous savions exactement quel type d'obus il fallait démonter pour avoir tel type de macaronis. Par exemple dans les petits obus à bout jaune, il y avait des petits macaronis noirs, tout à fait insignifiants d'apparence. Particularité, ils étaient bouchés quelque part sur leur longueur, si bien que lorsqu'on allumait un des deux bouts on ne savait pas dans quel sens ça allait partir. On en balançait dans les jambes des filles à la sortie de l'école, qui piaillaient, qui gueulaient, ah ! qu'est-ce que c'est con les filles !

Parfois ce n'était pas des macaronis, la poudre était en poudre, noire en général. Beaucoup plus ordinaire dans son application, pas aléatoire, la poudre brûle là où on la met, pas comme le macaroni, qui fait pratiquement ce qu'il veut. On la semait dans la rue comme on dit faire une ligne avec de la poudre blanche, on dessinait des arabesques, on y mettait le feu à plusieurs endroits à la fois, c'était pas mal. Parfois on en mettait en travers de la rue, à espaces réguliers, et on attendait qu'un vélo passe, alors on allumait. Des fois le cycliste se cassait la gueule, c'était déjà plus intéressant.

Restait un mystère, qu'est-ce qu'il y a donc dans l'obus ? Vous pouvez le tourner dans tous les sens, le caresser pour trouver ne serait-ce qu'une microfissure, rien de rien, c'est comme un œuf, mais on sent bien qu'il y a quelque chose dedans, ça énerve. Nous en étions là de nos pensées comme

Rodin, l'obus debout posé sur la table. Je ne vous ai pas dit qu'on avait nos quartiers dans une petite maison inhabitée au cœur du village ? Trois chaises de paille défoncées, la table pareil, et une petite cheminée où nous avions fait un joli petit feu ce jour-là, allumé avec un peu de poudre en poudre. On était bien quoi, bien chez nous, paisibles, et on cherchait une invention pour entrer dans l'obus.

Ce coup-là c'est moi qui ai eu l'idée, alors que cette fois-ci je ne devrais pas m'en vanter. « Et si on le foutait dans le feu ? » Les autres savants sont quand même perplexes. Moi, forte personnalité, je l'y fous, pas au cœur de l'âtre non, au bord, dans les cendres comme on met les patates chaudes. « Tu crois pas que ça peut péter ? » dit le moins brûlé de la tête. Moi, faux-cul pas si tranquille : « Puisque t'as la trouille j'l'enlève », et je fais.

Il est bien chaud bien chaud, un peu noirci, je le secoue, on n'entend rien comme avant, je le repose sur la table. Et on repense profond.

Soudain : « Ton père t'appelle et il vient par là. » « Oh là là ! dis-je, merde de merde, où-ce qu'on planque l'obus ? » Il n'y a rien dans cette baraque, pas un placard, pas une planque, rien. L'autre : « Ben, refous-le dans la cheminée. » Je le pose bien au milieu du feu pour qu'il se voie pas. Et on sort vite fait. Moi à mon père : « Oui, oui, je suis là, j'arrive. » J'arrive en effet, on a fait vingt mètres, et à ce moment-là un bang colossal, tous les carreaux de la rue descendent en cascade. Mon père est pétrifié, se reprend, me fout trois paires de baffes à titre préventif et me porte jusqu'à la maison en me soulevant par les deux joues. Et il disait : « Mais nom de Dieu de bon Dieu de bon Dieu, qu'est-ce que t'as encore fait comme conneries, hein ? Dis-le, nom de Dieu de bon Dieu, dis-le ! » Il répétait toujours la même chose, ça n'en finissait pas. Ah si : ça finissait par fatiguer.

Tout le village est dans la rue, mon père me transporte, pieds décollés du sol, entre deux haies d'horreur vociférante : « Mais qu'est-ce qu'il a encore fait ? Quelle connerie ? Quand il a fini d'en inventer il en invente encore ! » Comme si c'était moi qui faisais toutes les conneries du bourg ! Ça finit par culpabiliser. Les gens, mais qu'ils sont bêtes, pensent que c'est celui qui prend la plus grosse raclée qui est le plus coupable. Alors comme mon père était le champion des raclées, j'étais devenu la tête de turc du village. « J'men fous, c'est tous des cons », me disais-je in petto (j'employais cette formule à tout propos uniquement parce que ça faisait chic, j'ai cru longtemps que ça voulait dire « retenir son pet à l'intérieur »).

On arrive à la maison, mon père « m'irrupte » dedans. C'est direct le supplice du manche à balai, décrit dans « T'es bon à rien ». Je résiste longtemps à la torture, en vrai seigneur. Sur le coup de 22 heures, j'avoue : « J'ai foutu un obus dans le feu. » Mon père : « Sacré bon Dieu d'andouille », et vlan, et re-vlan. Ma mère : « C'est t'y Dieu possible, ah non, ah non, c'est pas possible, c'est t'y Dieu possible ! »

Les réunions des trois complices furent strictement interdites. Les parents, convaincus que c'était le fils de l'autre qui était une mauvaise fréquentation, furent brouillés durant des années. Et puis les parents des deux autres ils ne voulaient pas payer les carreaux cassés puisque mes associés disaient que c'était moi qui avais mis l'obus dans le feu. C'est mon père qu'a tout payé, forcément il m'en voulait doublement. Après ce coup-là nous arrêtâmes nos jeux pyrotechniques au moins huit jours, le temps que je pardonne leur trahison, et nous dûmes ensuite officier uniquement dans la forêt voisine, à l'abri des regards. D'ailleurs on aurait voulu réintégrer notre petite maison qu'on n'aurait pas pu, c'était très très abîmé et puis il aurait fallu remeubler.

Donc nous allions au bois qui entourait la cité ouvrière, ce qui était dangereux parce que la bande de la cité c'était des méchants qui nous détestaient, fallait faire gaffe.

Les obus

Je vois que vous ne comprenez rien, c'est normal car je ne vous ai pas encore expliqué qu'en fait le village, c'est deux villages distants de trois kilomètres.

Tous les trois, vrais natifs du cru, nous sommes du bourg, construit sur une hauteur, ce qui fait que nous regardions de haut ceux de la cité. A la cité, c'est les ouvriers qui travaillent à la mine de fer, des Italiens, des Espagnols et des Russes blancs qui traînent encore, tous ces gens-là ont fait des gamins genre « racailleux ». C'était un peu comme Neuilly et La Courneuve d'aujourd'hui, sauf qu'au bourg (Neuilly) on était moins riches que ceux de la cité, ce qui est tout à fait injuste, convenez-en. Les mineurs du fer à cette époque gagnaient des « fortunes », ils avaient des grosses voitures neuves et des frigidaires, et les jours de paye c'était la foire. Au bourg on disait : « Ces gens-là dépensent à tort et à travers, y'aura que la fin de triste. » La cité avait son école et nous la nôtre, tout ça pour dire qu'on ne se fréquentait pas, sauf de temps en temps le jeudi, quand les deux bandes se rencontraient au bois pour s'étriper. En aucun cas nous n'aurions fait de la manipulation d'obus ensemble, on ne leur aurait pas fait confiance.

Un jour par une belle journée de juin, le soleil éclairait le tableau de la classe et une odeur de grandes vacances flottait dans l'école, un boum monumental, une explosion tellement énorme que ça vous glace le sang.

La nouvelle s'est propagée comme une traînée de poudre... trois gamins de la cité ont fait sauter un stock d'obus. « Où qui sont ? » Toute la cité les a cherchés jusque tard dans la nuit. Rien, « mon Dieu, mais où qui sont donc ? »

Le lendemain matin, les gens du bourg se joignent à la recherche. L'un lève la tête et voit, atterré, des bouts de bidoche minuscules dispersés là-haut dans les branches ; échelles, cordes, fourchettes, petites cuillers, petites boîtes, tous ceux qui peuvent grimper aux arbres s'y sont mis.

Les deux demi-villages sont réunis aux obsèques. Grand chagrin pour les uns, trouille rétrospective monstre pour les autres : « Dire que ça aurait pu arriver aux nôtres ! » Dans le cortège, une bonne femme du bourg à côté de moi : « Quand même ces gens-là y tiennent pas bien leurs gosses. »

L'olécrane

De six à neuf ans et des poussières. Mon grand-père a toujours été très vieux, il était chauve comme son genou et sa moustache blanche était taillée comme un balai de pont.

Bien que vieux, il s'intéressait aux femmes. Les dimanches matin, planqué derrière les rideaux de la maison juste en face de l'église, il reluquait les paysannes qui faisaient rouler leurs fesses en montant les marches. Je l'ai entendu marmonner : « Crébondieu, qu'o'l'a une belle croupe cet'là. » Je ne sais rien d'autre de sa vie sexuelle.

Il était né à la fin du XIXe siècle, autant dire qu'il était de l'époque de Ramsès II. Son père, Alsindor, troubadour chanteur et arracheur de dents, se déplaçait en draisienne. Aussi, comme beaucoup d'artistes qui pédalent pour faire carrière, il avait d'autres chats à fouetter que de s'occuper de l'éducation de son fils. C'est ce qui justifie le placement d'Edmond (mon grand-père) comme valet de ferme sur le coup de ses neuf ans, car c'était un jeune homme précocement robuste.

Pas n'importe quelle ferme, Alsindor avait son standing, aussi Edmond fut-il « placé » au Château, dont les Maîtres étaient propriétaires de mille hectares d'herbages et d'une cartoucherie, un endroit sûr pour le garnement.

Edmond fut donc installé dans le foin au-dessus de l'écurie et y resta pendant les dix ans qui précédèrent sa participation à la Grande Guerre, où, grâce à Elle, pour la première fois il coucha dans un lit, sommaire certes, mais quand même.

Pendant ces dix ans d'apprentissage, le menu quotidien se résumait à des patates bouillies avec un morceau de saindoux, le vendredi pas de saindoux parce que c'est « maigre », le dimanche patates et lard (le gras uniquement) qui tremblotait sur le morceau de pain. Et rien d'autre, pas de poule à la crème, pas de whisky, pas de steak au poivre, pas de bordeaux premier cru, rien. Un régime sain

L'olécrane

qui met les hommes en forme pour faire la guerre, mais au moins à la guerre il y a du pinard au bromure.

Vous allez me dire, et l'olécrane là-dedans qu'est-ce que ça vient faire ? Ça n'a aucun rapport, encore que si, un peu.

Ceci dit, il faut savoir que mon grand-père était très beau et que mon père (son fils), qui ne l'était pas, disait qu'il était con alors que c'était même pas vrai.

A l'époque de cette histoire il était veuf de ma grand-mère Augustine, morte prématurément d'une cirrhose du foie alors qu'elle n'avait jamais bu, disaient ses filles (mes tantes donc). Ma mère (sa belle-fille donc) m'a confié secrètement qu'Augustine s'envoyait des litres de rouge à la cave. Allez savoir, avec les brus.

La place étant libre, les hivers je couchais avec mon grand-père, chez lui. Toute petite maison glaciale : les hivers étaient des hivers à cette époque parce que nous n'avions pas encore fini de réchauffer la planète. Le fourneau à bois était rallumé tous les matins ; mon grand-père cassait le bois dehors dans la neige et se réchauffait les mains directement dans le feu tellement il les avait calleuses et racornies, et au bout d'un moment ça sentait le maréchal-ferrant.

La chambre contenait tout juste le lit en bois, assez large pour un, étroit pour deux, mais je n'étais pas large. Matelas de plumes profond, draps en lin raidis par six mois de fréquentation et un gros édredon de plumes qui malheureusement tombait souvent par terre, alors le bruit du claquement de mes dents me réveillait.

Mon grand-père était toujours habillé pareil, été comme hiver, à l'intérieur ou dehors. Un béret basque, une veste de chasse en rude tissu à cause des ronces, un gilet de toile sans manches « pour être libre de ses mouvements », une chemise à rayures sans col, boutonnée en haut (c'était pas le genre débraillé) et sous la chemise un tricot de corps à manches longues. En bas, froc large en velours côtelé, suspendu à une paire de bretelles à pattes boutonnées ; les bretelles n'étaient jamais déboutonnées. Sous le pantalon il portait un caleçon long molletonné qu'il avait sans doute acheté chez le père de Popeck. Enfin des brodequins de cuir entretenus comme il faut avec de la graisse animale riche et odorante. Dans les brodequins il mettait sa paire de chaussettes tricotées par je ne sais qui, et quand ses chaussettes étaient en réparation il mettait des chaussettes russes en attendant. La chaussette russe consiste à s'enrouler savamment des chiffons autour des pieds. L'hiver, chiffons de laine, l'été, en fil.

L'olécrane

    Il est 20 heures, c'est l'heure de se coucher, on monte l'escalier, il allume la lampe Pigeon avec son briquet à essence fabriqué au front dans une douille de 9 millimètres. Il enlève son béret et le balance sur le globe en verre de sainte Thérèse ; raté, il recommence, tout ça parce qu'il est content que je sois là, il fait son fou. Jette la veste et le gilet sur la chaise, dégage la bretelle gauche sur le côté, clac, dégage l'autre, clac, son pantalon tombe par terre et reste là au pied du lit, comme ça demain matin il aura pas besoin de le chercher dans le noir. Sa chemise, qu'il gardait pour se coucher, lui descendait sous le genou, bien confortable, c'est pas comme les chemises ridicules d'aujourd'hui qui s'arrêtent à mi-fesses et qui « rechient » tout le temps en dehors du froc. Il met son bonnet de laine enfoncé jusqu'aux yeux, grimpe sur le lit à quatre pattes et se coule dans la plume, on ne voyait plus que le pompon du bonnet.

    A part ses mains qu'on aurait dit faites de racines d'olivier, il lui manquait la moitié de l'oreille gauche et son bras droit était coincé à 90 degrés.

    « Dis donc grand-père, qu'est ce t'as fait de l'autre moitié de ton oreille ?

— C'est un éclat d'obus à Verdun qui l'a emportée, on l'a pas retrouvée.

— Et pourquoi que ton bras y marche pas ?

— Ça c'est une balle de fusil qui est restée coincée dans le coude, on peut pas l'enlever parce que ça ferait un trou. Maintenant dors ! »

C'est tout ce que je pouvais en tirer, c'était un taiseux, mais ça me suffisait pour le rêver debout dans la mitraille, repérable par l'ennemi à cause de son crâne luisant, et qui, brave des braves, continuait à avancer sans perdre son temps bêtement à chercher une malheureuse oreille dans la boue glacée.

Il s'endormait d'un bloc, sur le dos, bouche grande ouverte, raclements et ronflements qui ne s'interrompaient que si je lui fourrais une poignée de plumes.

Quand je sortais un œil le lendemain, je l'entendais fourgonner son feu et restais un moment à m'extasier des fleurs de glace arborescentes sur les vitres de la fenêtre. Il ne venait à personne l'idée de se laver, même le pot de pisse était gelé.

Vite renfilé mon froc sous l'édredon, je dévalais l'escalier et il me posait sa moustache sur le front. Le bol de café au lait attendait au chaud sur le fourneau et il me préparait de grandes tartines grillées. Debout à côté de moi, il me regardait me gloutonner sans dire un mot. On se disait tout sans le dire.

L'olécrane

Un jour il disparut.

Puis de nombreuses années passèrent. Je suis devenu comme mon père, et mon père est devenu comme mon grand-père. Un jour, j'évoque cette histoire d'oreille amputée et de bras cassé. Mon père : « Ah, alors ça c'est le clou ! La vérité c'est qu'il avait attrapé un sale furoncle qui gagnait du terrain, et pour en finir le médecin militaire lui a coupé l'oreille, c'est tout. Le bras c'est autre chose. Un télégramme est arrivé à la mairie : "Edmond Fermin est rapatrié derrière les lignes pour fracture de l'olécrane." La grand-mère Augustine a compris "fracture du crâne" et a dit : "Manquait plus que ça, déjà qu'il était pas ben malin". » « En réalité, ajoute mon père, il couchait dans le foin au-dessus des chevaux qu'il menait au front, il est passé à travers le plancher pourri et s'est cassé le bras. »

Mon père n'était pas un poète.

Aujourd'hui je suis devenu comme mon grand-père. Les grands-pères ont le droit de rêver de leur grand-père.

N.B. Olécrane ? C'est page 714 du « Petit Larousse » grand format.

Le carré d'eau

Le carré d'eau c'est comme son nom l'indique, un carré d'eau, sorte de grande mare ou de petit lac. Tout autour, luxuriance de joncs, de chênes, de jonquilles et de saules qui pleurent dans l'eau épaisse, brune. Sur l'eau, des nénuphars. Dans l'eau, des myriades de gardons, des perches, des tanches, des carpes énormes, et des brochets soi-disant. Au coin en face, à l'ombre, le héron qui guette ; ne bouge pas, il nous connaît.

A part mon grand-père et moi, on n'y a jamais vu d'autres pêcheurs, toujours tout seuls, intimes, c'est comme si c'était à nous.

La veille, préparation des lignes, boîte d'asticots et de vers de terre et des amorces pour appâter. Ma canne fait trois mètres et ma ligne est montée en 14 pour le gardon et la petite perche. Mon grand-père est monté plus gros car il a des ambitions de carpes et de brochets. En plus, il prétend lancer au loin dans un trou au milieu des nénuphars.

Il ne faut pas pêcher n'importe quoi, le petit gardon oui, parce que fricassé tout frais ça croustille et on mange tout. La perche a la chair la plus fine, mais c'est tellement infesté d'arêtes que c'est pas possible. La tanche à la très jolie robe a la particularité d'être increvable, ce qui force l'admiration. Elle frétille pendant des heures dans le panier en osier, elle n'arrive pas à se faire une raison. C'est aussi plein d'arêtes et c'est un peu comme la carpe qui a un fort goût de vase. La carpe demande une transformation en profondeur pour être comestible, ce que en général, les chrétiens comme ma mère ne savent pas faire, donc on n'en mangeait pas. Néanmoins, quand par hasard mon grand-père en prenait une belle grosse, il la ramenait à la maison fier comme Artaban et on la mettait à nager dans l'évier. Elle est très coriace, dure à tuer comme la tanche, dans une baignoire on aurait pu la garder ad vitam aeternam mais on n'avait pas de baignoire.

En Solex (mon grand-père) et à vélo (moi), harnachés comme des commandos, on partait dans le noir bien avant l'aube pour arriver à la toute pointe du jour. Approche à pas de loup pour ne pas attirer l'attention, montage des lignes, jet des boules de pâte pour amorcer, épaule contre épaule sur le petit banc, on sort le thermos et on se boit un café bien chaud. Grand-père fume du gris. On ne s'est pas dit un mot depuis hier soir. On attend qu'il fasse assez clair pour jeter les lignes, avant c'est pas la peine on ne voit pas le bouchon.

Quand le mégot commence à roussir sa moustache blanche, grand-père s'ébroue et enfile un gros ver sur son hameçon. Il lance au loin dans le trou d'eau, faut être précis car très risqué, un mètre à côté c'est les nénuphars, et qui dit nénuphars dit ligne emmêlée et soit le nénuphar cède soit c'est la ligne, alors hameçon, plombs et bouchon sont foutus, « merde de merde ».

Moi je pêche à l'asticot à trois mètres, une touche tout de suite, le bouchon a frémi, pas assez vif pour ferrer, loupé. Grand-père se marre, me demande si je vois son bouchon car il l'a perdu de vue, risque pas de voir si ça mord ! Un autre asticot, ça mord tout de suite et hop un gardon argenté. Et hop, et hop, et hop huit à dix fois de suite, une petite friture pour midi. Ça a duré une demi-heure, le temps que le soleil se soit débarbouillé de la brume, après plus rien de la matinée. Sans doute que le gardon se contente d'un petit déjeuner frugal et rapide, pas le genre à se goinfrer pendant des heures.

La canne du grand-père fouette et le moulinet se déroule à toute « berzingue ». « Cré bon Dieu c'est du gros », et que je te tire et que je te remouline et que je lâche du mou et que je te remouline. Un combat. Et puis plus rien. Plus rien c'est rien, plus d'hameçon, de plombs et de bouchon, rien, bout de ligne penaud. « Tu vois, pour couper un fil de nylon aussi costaud, tranché net, propre, ça c'est du brochet, et pas un petit, faut compter au moins dans les trois livres si c'est pas plus, tu peux me croire. » « Je te crois. » C'est pas la peine de rappeler que personne ne l'a jamais vu attraper un brochet.

Bon, il faut réparer la ligne, pas facile avec ses doigts gourds et son bras coincé (voir le chapitre « L'olécrane »), mais ça finit par se faire, au final il attache les plombs sur le fil en les écrasant avec ses dents. Il relance, lâche le moulinet trop vite, le fil monte, nous passe par-dessus la tête et la ligne va s'accrocher, s'enrouler, dans les hautes branches du chêne qui est derrière nous. « Merde de merde, c'est pitié. » Pas besoin de me faire un dessin ni de dire, je grimpe. Je connais le chêne par cœur, l'habitude, je sais parfaitement où poser les pieds et où assurer mes mains. Diagnostic : « Oh là là ! ça va être dur, va falloir que je rampe jusqu'au bout des toutes petites branches. » Il ne dit pas « laisse tomber, tant pis pour la ligne, ne prend pas de risques », il ne dit rien. Il a confiance en moi...

Ça fait maintenant bien deux heures que je bataille dans la canopée mais j'arrive au bout de ma peine. Hameçon, plombs, flotteurs, fil, forment une boule inextricable que je balance aux pieds de mon grand-père. Pas de commentaire. Il sort son oignon de la petite poche de son gilet : « Merde, il est pas loin de midi, faut y'aller, on range et on file. » Pas question en effet d'arriver à midi cinq pour bouffer, ça ferait un drame (voir le chapitre « Midi-19 heures tapantes »).

Mon père : « Ton grand-père, c'est pas un fin pêcheur. »

Ma mère, qui passe dix heures par jour à confectionner des chapeaux « de dame » et deux heures pour cuisiner, trouvera le temps de démêler la boule de fils infernale.

J'aime pas le lapin

Sale bête le lapin. Huit ans et des poussières. Mon père : « Un homme doit savoir tout faire, à partir d'aujourd'hui c'est toi qui tues et dépouilles les lapins et les poules. Une semaine une poule, une semaine un lapin. »

Cette promotion faisait suite à une année de nourrissage des lapins, les jeudis (congé scolaire d'alors) et les samedis. Les dimanches non, car ma mère me mettait mon costume du dimanche dès le matin pour aller à la messe de 10 heures et rester propre jusqu'aux vêpres de 15 heures.

Pendant la bonne saison, il fallait ramasser l'herbe à la main et remplir deux grands paniers grillagés, soit une « barattée », comme disent les cueilleurs de pommes.

Au retour mon père mettait ses deux pieds dans les paniers pour vérifier le tassement, vu qu'il avait constaté mon talent pour faire « bouffer » l'herbe. Il vidait un panier dans l'autre, il savait tasser le bougre ! « Tiens, retournes-y. »

Les mois d'hiver sont sans herbe. Le génie de mon père a été d'avoir découvert que les lapins adoraient les « vignons ». En dialecte local, cela désigne en fait les ajoncs, qui sont des arbrisseaux à feuilles épineuses (famille des papilionacées). Epineuses, épineuses, c'est de la botanique ça ! Pour moi qui m'y frotte, ce sont des pointes fines et acérées qui lacèrent les mains et traversent le pull grosse laine tricoté par ma grand-mère, et la chemise en coutil raidie par trois semaines de transpiration sous l'édredon de plume. M'en plaignais. « T'as qu'à mettre une pouche sur ton dos » (une pouche, en langage bas-normand, c'est un sac à patates en toile de jute).

Les outils donc : une pouche, un sécateur, une corde pour faire une botte. Qui a dit des gants ? Plaisantez, vous êtes jeune vous. A l'époque les gants étaient réservés aux officiers de cavalerie, au marié (dits beurre frais) et aux enterrements chic (en satin noir).

Au bout d'un moment, j'avais les mains en sang. « Marre de cette saloperie, j'arrête, dira ce qu'il veut. » En montant debout sur le tas, on tasse. Ni trop, ni trop peu : on tasse peu et les épines refusent de s'arranger entre elles pour se coucher un tant soit peu ; trop tassé, alors vous prenez les aiguilles dans le dos, plein pot. Un nœud coulant sur la corde, on tire et hop sur le dos. « Aïe nom de Dieu ! »

Me voilà parti. Surtout pas de brusquerie, tout en souplesse, marche « coulée » façon panthère en approche, faut pas attirer l'attention des aiguilles dans la botte. Rotation du torse, griffures à la nuque au passage, botte par terre, ouf ! « Maigre ta botte, vais être obligé de leur donner du granulé en plus, merde. »

Donc, je suis dorénavant responsable de toute la chaîne alimentaire des lapins, du nourrissage au plat prêt à mettre au four.

Après observation et réflexion mon père me désignait un coup une poule, un coup un lapin. Ensuite il fallait les attraper, vingt dieux quel combat !

Dès qu'on ouvre la porte du clapier le lapin cavale, on se demande pour aller où, et il galope en rond, galope, galope. Il ne lui vient pas à l'idée qu'il pourrait sauter dehors et aller se planquer dans les choux du voisin où il aurait de quoi se goinfrer jusqu'à plus soif (quoique je n'aie jamais vu boire un lapin). Dix fois il échappe à ma main, qui de ce fait écrase le caca du lapin. Comme chacun sait, ce caca est propre, c'est pourquoi on dit crotte de lapin et non merde (comme on dit merde de chien par exemple) ; même tellement propre qu'on n'est pas obligé de se laver les mains avant de se mettre à table. Bon, à force de tourner comme un imbécile le lapin est essoufflé, il se met à plat ventre dans un coin face au mur, oreilles couchées, manifestement manque de courage pour regarder la vérité en face, se laisse empoigner sans barguigner par la peau du dos, bras tendu pour échapper aux coups de griffes.

Phase délicate, le prendre par une patte arrière qu'on lui passe dans un nœud coulant. Il conteste en agitant ses papattes. D'abord il faut l'assommer, c'est la procédure. Normalement, ça se fait avec le tranchant de la main sur la nuque (coup du lapin bien connu), moi pas assez tranchant à l'époque, je procédais au gourdin. Lapin pend au bout de sa ficelle, s'agite cet idiot, donc ça oscille. Manche de pioche tenu à deux mains, faut viser juste, c'est extrêmement rare.

Dans ce combat de titans je finissais toujours par l'avoir le fumier. Des fois à force d'enthousiasme et d'énergie, la tête se détachait et tombait par terre, autant de gagné, plus besoin de le saigner, mais ça avait son revers, ma mère disait alors : « Il est pas présentable ton lapin. » Normalement le lapin assommé puis dépouillé doit garder sa tête sur les épaules.

Deux méthodes possibles pour le saigneur, l'égorgement ou l'énucléation. Je préférais de loin l'énucléation, car on a beau farfouiller avec son couteau dans les poils du cou on ne trouve pas forcément la carotide. Au moins l'œil c'est clair. Un couteau pointu, vous passez par derrière le globe, mine de rien, et hop vous tirez d'un coup sec, l'œil tombe par terre et vous « cligne », rigolard. Jamais entendu un lapin se plaindre de quoi que ce soit, jamais un mot, pas le moindre couinement, c'est dire s'il est con !

Il est mort semble-t-il, alors commence l'opération de mise à nu. Imaginez un garçon pendu par un pied, habillé avec une cote de travail d'une seule pièce jusqu'au cou.

Incise circulaire juste au-dessus du genou de la patte accrochée, incise verticale le long de la cuisse jusqu'à l'aine, on écarte et on déshabille la patte. On décroche, changement de patte, même opération. On passe le doigt derrière la peau du ventre que vous tirez vers vous pour introduire le couteau, et on coupe comme si vous coupiez la braguette en travers. Vous dégagez la queue, appuyez sur le rectum pour faire tomber les crottes toutes prêtes.

En principe, à ce stade de l'opération le lapin ne bouge plus de lui-même. Il est alors dans la situation d'une fille en jupe et sans culotte qui ferait le poirier.

On arrive au point où il faut être tout en finesse. Vous passez vos deux doigts écartés derrière la peau, niveau de l'aine, vous glissez votre couteau pointe vers le bas entre vos deux doigts derrière la peau et vous coupez en descendant jusqu'au cou. Malheur à celui qui crèverait les boyaux au passage car, à ce niveau-là, la crotte bien ronde et propre n'est pas faite, on est carrément dans la merde malodorante.

On passe au déshabillage total en tirant vivement la peau vers le bas, il faut toutefois faire un stop au niveau des oreilles pour les couper à ras. La tripaille est énorme et, se décrochant, tombe d'elle-même au sol, flosh ! Parfois, penché pour m'occuper des oreilles, il est arrivé que toute cette merde me tombe sur la tête. Ça fume et ça pue, surtout chez les mâles. Une odeur qui s'ancre dans la peau à vie. Par solidarité je vomissais aussi toutes mes tripes.

Restait à enlever la vésicule, faut pas se louper

car « bile répandue, viande foutue » ; je risquais ma vie.

Un plat, on essuie les deux ou trois gouttes de sang sur le bord avec son mouchoir pour une présentation impeccable. « Mets-le au garde-manger, c'est pour demain. »

Je n'aime pas le lapin.

Poulets, coqs, poules, c'est pas comme le lapin.

Je n'ai jamais eu la responsabilité du poulailler, où nous avions une dizaine de locataires, car « le grain il faut juste ce qu'il faut et c'est pas donné ».

Avez-vous déjà essayé d'attraper un poulet dans un poulailler grand comme une salle de bains juste avec douche ? Vous entrez comme si de rien n'était. Mieux, vous pouvez même regarder ailleurs pour que personne ne se doute. Refermez soigneusement la porte derrière vous au cas où ça tournerait mal.

Je repère le condamné, j'approche à pas de renard, s'inquiètent, cot cot, cotcotcot. Je plonge les deux mains en avant, que des plumes, et de la merde plein les mains (ce n'est pas comme le lapin). Panique à bord, volatilent tous sens, percutent le plafond, le grillage, hurlements, cooOOOT, COT, COOOOT COTCOT. Pareil que le canard de Robert Lamoureux, vous vous souvenez ? L'ennemi numéro un c'est le coq, il vous vole dans les plumes ce salaud. Un bras en l'air, l'autre pour se protéger les yeux. En aveugle je finis par saisir un poulet au vol. Content que le plus dur soit fait, je me précipite dehors. Même en état de grande agitation, ne pas oublier de refermer la porte, beaucoup ont eu cette négligence qui a ruiné nombre de familles prolétariennes.

Là c'est pas comme le lapin non plus, pas besoin d'assommer, c'est du vif. Pas de tête coupée à la hache sur un billot, pas de cou tranché, non à ces procédés barbares. Poulet bien tenu entre les cuisses, vous introduisez votre couteau pointu, lame vers le haut, dans le bec de l'animal, profond dans la gorge, et vous entaillez largement le palais. Le gallinacé proteste bruyamment, et bat de l'aile, bat de l'aile, bat de l'aile. Ça peut durer un bon moment, il n'y a qu'à attendre qu'il s'égoutte. Vous voyez, c'est pas du tout comme le lapin.

Poulet en bout de bras, moulinets rapides pour bien vider, ensuite plumaison, que j'ai d'abord pratiquée à sec, car ma mère refusait la plumaison à l'eau, dite technique de la « poule mouillée », car « pour la viande, c'est pas pareil ».

« Mets un tablier », une chaise dans le jardin, car « dans la cuisine tu vas encore foutre des plumes partout ». L'été ça va, l'hiver les mains sont gourdes, et pour les plumes délicates du ventre c'est pas facile.

Vous prenez de toutes petites poignées et vous tirez à contre-plume, j'ai dit petites poignées, et pas tirer comme une brute, ça arrache la peau. Le poulet doit garder sa peau, c'est pas comme le lapin. Déjà sans plumes il a pas l'air malin, sans peau il est franchement ridicule. Je faisais gaffe parce que la peau croustillante c'est ce que je préfère.

La plumaison dehors c'est propre sur soi, le vent emmène tout, encore faut-il savoir se mettre dos au vent.

Poulet plumé, enlever les picots un par un, enfin passer la bête au gaz sur la cuisinière pour griller le duvet. « Va dehors pour le vider. » Facile et propre, c'est pas comme le lapin. Vous entrez la main par le trou de balle jusqu'au cou et vous tirez, tout vient d'un paquet. Récupérez le foie, le cœur et le gésier, dont vous enlevez la poche pleine de cailloux. Un plat, le garde-manger...

Content et fier de moi.

Mon père rode autour du poulailler et grommelle : « Mais nom de Dieu, y m'a pas tué le bon poulet ! »

J'aime bien le poulet.

La semaine prochaine c'est du lapin.

T'es bon à rien

Neuf ans et des poussières jusqu'à quinze ans bien sonnés. Mon père : « T'es bon à rien, tu finiras lampiste, ou pire, gendarme. »

Le lampiste c'était le « dernier des derniers » des mecs des chemins de fer, celui qui accrochait la lampe tempête au cul du dernier wagon. Dans mes cauchemars je me voyais courir avec ma lampe, échevelé, derrière le train qui me fuyait, la lampe s'éteint, le train m'échappe. Je reste comme un idiot au milieu de la voie avec de gros sanglots. Un lampiste qui n'arrive même pas à accrocher sa lampe, c'est quoi ? Je serais en dessous du dernier des derniers ? Est-ce que ça existe seulement le dernier des derniers des derniers ?

En moi-même : « M'en fous, veux être pompier. » Justement mon père ne voulait pas que je sois pompier, c'est pourtant un métier bien mieux que rien : allez-y comprendre quelque chose !

Faut dire que j'étais un réfractaire au sens que Sollers donne à ce mot : « Qui résiste à une autorité ;

qui résiste à certaines influences physiques ou chimiques... On est réfractaire dès la naissance... On croit les élever, les éduquer, les terroriser, les domestiquer, on obtient avec eux les résultats minimaux. »

Mon père avait beaucoup lu, mais pas Sollers. Il était sûr qu'en pratiquant sur moi le « physique » à haute dose il pourrait faire de son fils un bon docile au chef, à son image. Donc ce fut une sacrée corrida pendant des années, jusqu'à ce que, me voyant soulever un sac de farine de 100 kilos, il réorientât sa pédagogie vers le verbal uniquement, violent mais pas fou. Pas soumis le gamin, toujours un rendu pour un prêté. Forcément c'était l'escalade : pour un carnet de notes trafiqué au Corrector, il me soulevait de terre, tenu par les deux joues, et que je te secoue, ça me donnait des couleurs. Le sommet de la sophistication était l'épreuve du manche : il faut être à genoux sur un manche à balai et tenir à bout de bras horizontaux soit des gros godillots à clous, soit de grosses bûches, dès que les bras fléchissent vous recevez un coup de trique sur les mollets. Ma mère à mon père : « T'exagères pas un peu ? »

J'ai aujourd'hui encore mal aux genoux, mais pour être honnête c'est plutôt de l'arthrose vieillarde.

Mes « rendus » étaient à proportion, ce qui est raisonnable. Pour un décollement de la tête je refusais de le « rebouter ». En fait tous les matins mon père se levait avec un genou déboîté, et ma soeur Maryse et moi étions les seuls capables de le remboîter. Il se couchait dans la cuisine, prendre la jambe, tirer fermement, rotation du pied, et un coup sec avec le plat de la main sur le genou, clac !

Donc un matin il se couche par terre comme d'habitude et il attend. Moi je fous le camp. Je reviens deux heures après ; il est toujours par terre, vu qu'il arrive pas à se remettre debout avec une seule patte. Doux comme un agneau qu'il est. Allez on y va, clac ! Et je me barre vite fait avant qu'il se remette debout.

Parmi les ripostes, celle en réponse à une séance de manche à balai avec brodequins, c'était du sérieux. En plus, je changeais de scénario à chaque fois : faut surprendre, vous comprenez. D'ailleurs mon grand-père, qui m'admirait disait : « Y'a pas d'choses qui n'invente. »

Je vous livre ici un seul de mes scénarios, car je ne veux pas faire lourd. Le midi mon père écoutait les informations debout, l'oreille près du poste radio en bois verni, mains appuyées sur la cuisinière à gaz derrière lui. Le traquenard a consisté à allumer le gaz un quart d'heure avant et de refermer le battant en émail blanc ; ni vu ni connu, avec l'émail on ne voit pas que la tôle est chauffée à blanc.

Le rituel se déroule normalement, je me bidonne, impossible, il termine son camembert, essuie son couteau sur son pantalon de travail, le ferme, le met dans sa poche, se lève, allume le poste, cherche Radio Luxembourg, règle finement la station et... et... oui, non... si ! Enfin il s'appuie des deux mains sur le couvercle de la cuisinière. « Ah ! nom de Dieu de nom de Dieu de nom de Dieu », etc. Bien entendu j'étais dans mes starting-blocks, et le temps qu'il dise « Ah nom de... ! » j'étais déjà loin, eu le temps d'apercevoir un coin de sourire plus que discret chez ma mère et mon grand-père.

Ainsi mon père et moi avions des jeux virils.

Ceci dit je ne sais toujours pas pourquoi gendarme c'est pire que lampiste, car j'avais de l'estime pour les quatre gendarmes du village et leur chef, vu que lorsqu'ils m'avaient mis une nuit au gnouf pour avoir mitraillé avec ma fronde les pare-brises des voitures qui passaient dans le village, leurs femmes m'avaient apporté une couverture et un gros morceau de gâteau.

L'adjudant de la gendarmerie était un homme admirable, il pouvait picoler toute la journée au bistrot et rester debout. Les comparses qui se tenaient mal en fin de journée, vociférations et vomissements sur le bar par exemple, il les faisait coffrer pour vingt-quatre heures par ses adjoints. Service-service, faut pas rigoler. De plus le chef était très copain avec le voisin, qui était le plus gros trafiquant de gnole du canton, mon idole.

Plus tard, pour sa retraite le chef s'est fait construire la plus belle villa du coin et s'est acheté une grosse voiture toute neuve, ce n'était donc pas un « bon à rien de bon à rien ». Alors ?

Les tinettes

Jusqu'à douze ans et des poussières. C'est au fond du jardin, à droite.

Charmant local de trois mètres carrés, en briques, couverture ardoises. La porte en bois permet de l'extérieur de voir les pieds à l'intérieur ; à double verrou recto verso, et joliment découpée en haut, façon moucharabieh, pour que l'occupant voie venir. Pas chauffé, pas éclairé, fallait pas être constipé pendant les hivers sibériens que nous connaissions à l'époque.

L'aménagement, bien que sommaire, était tout à fait accueillant. Une grande planche en bois clair, percée d'un trou ovoïde, côté pointu orienté vers la porte pour permettre aux mâles de tout caser, à l'opposé le bord du trou est culotté, comme on le dit d'une pipe. Devant, un petit marchepied pour permettre aux enfants de s'asseoir proprement sans être obligés de s'agripper aux bords du trou pour se hisser, « car les bords ne sont pas forcément très nets », disait ma mère. Je peux le confier aujourd'hui, car il y a prescription, il m'est arrivé de faire exprès de pisser abondamment sur la planche, par représailles, mais n'étant pas vraiment un extrémiste, je ne suis pas allé plus loin.

Posés sur la planche, nous avions le « Ouest-France » de la veille, et une fois par semaine « L'Orne combattante ». Cette presse était suffisante pour faire face au transit normal des père, mère, et nous, les trois enfants. Lorsque nous avions des visites, pendant la saison des fruits verts et à l'époque du jus de pomme qui sortait tout frais sucré du pressoir, la fréquentation augmentant, il y avait en dépannage une pile de « Modes et Travaux » sur papier glacé, ce qui n'est pas des moindres paradoxes ; en effet plus c'est mou et moins le papier doit être lisse. Mais comme on dit, « on faisait avec ».

Sous la planche, un grand bidon métallique de 150 litres environ avec deux oreilles latérales que mon père avait soudées car il était très adroit de ses mains ; c'est la tinette proprement dite. Ces oreilles permettaient d'enfiler des timons pour le transport du bidon. Vous me direz 150 litres il faut les remplir, puis les transporter ; vous avez raison de poser cette question très pertinente, en effet 150 litres ajoutés au bidon, ça fait bien dans les 200 kilos, et ce n'est pas à la portée du premier vidangeur venu.

Les tinettes

Donc, mon père, très imaginatif, on ne le dira jamais assez, dans un premier temps a testé ma capacité à porter 20 kilos. Soit pour nous deux 40 kilos en tout, ce qui fait que le bidon ne devait être plein qu'au cinquième (vous suivez ?) pour que nous puissions transporter l'engin jusqu'au jardin où une petite tranchée était préalablement bêchée tant que la terre n'était pas gelée, on vidait et après on recouvrait. En effet, et je fais là une digression, mon père avait d'ores et déjà inventé « l'énergie renouvelable », sans savoir que les Chinois la pratiquaient depuis trois mille ans au moins et que, soixante ans après cette histoire, Nicolas Hulot allait se faire un nom avec !

Grâce à cette méthode, nous avions, et de loin, les légumes les plus dodus, gras et abondants de tout le département, voire de la France, mais ça, on n'a pas pu le vérifier car à l'époque il n'y avait pas d'instituts de sondage. C'était surtout vrai pour les haricots à rame que ma mère adorait ; on en bouffait midi et soir en juillet et août. Nous on détestait ça parce que quand on les ramassait, les aoûtats nous mettaient les parties intimes à vif, et en plus on n'aimait pas les fils. Il faut dire qu'alors les manipulations génétiques n'avaient pas encore abouti au « haricot extra-fin sans fils » qui pousse dans des chambres froides directement sous plastique, ce qui est tout à fait inconfortable pour les aoûtats, qui, finalement, ont renoncé.

Alors comment savoir que le bidon était au cinquième du remplissage, soit rempli à 20 % ? Si vous suivez c'est facile puisque la hauteur totale de la cuve est de un mètre (il suffisait de le demander), 20 % ça fait 20 centimètres.

Notre première idée a été d'utiliser la formule bien connue des puisatiers en campagne, qui est, je vous le rappelle :

$$H = V0 + 1/2g\ T2,$$

dans laquelle :

– H est la hauteur à mesurer dans le puits ou le bidon,
– V0 est la vitesse initiale, soit la vitesse d'expulsion de l'étron par le sphincter anal,
– g désigne l'accélération gravitaire, soit 9,81 m/s,
– T2 est le temps au carré, mais je n'ai pas trouvé la touche pour mettre le 2 en exposant. C'est le temps entre le moment où on lâche l'objet et l'instant où il touche le fond de l'eau. Le puisatier tend l'oreille.

La méthode était ambitieuse, trop. Il a d'abord fallu abandonner l'idée d'utiliser l'étron comme objet, je ne sais pas si vous voyez le tableau, la pudeur bonjour !

Nous prîmes donc un simple caillou, tenir

compte alors que V0 = 0. Mais comme il fallait mettre sa tête au bord du trou pour entendre le « floc », ça éclaboussait et on en prenait plein la gueule, l'acide urique c'est pas extra pour les yeux, sans compter l'odeur et les mouches. Nous renonçâmes.

Plus prosaïquement mon père m'ordonne : « T'as qu'à prendre un bâton et mesurer la hauteur mouillée. » Fier de cette responsabilité très valorisante, je m'exécutais tous les jours. C'est vrai que j'omettais de nettoyer le bâton pour ne pas gaspiller le papier journal dont la quantité était juste suffisante, comme je l'ai dit plus haut. Alors un jour mon père, jamais content, me dit : « Mon fils, tu emmerdes le bâton. »

Par temps de gel c'était autre chose, il n'est plus question d'enfouir quoi que ce soit dans le potager, il va donc falloir évacuer les produits à l'extérieur, et c'est l'affaire des deux spécialistes du village. Mais c'était payant, alors forcément on attendait que le bidon soit plein à ras bord avant de les appeler.

C'était un soir de Noël. Ma mère revenant de l'édicule protesta avec grande véhémence que « c'était pas Dieu possible, c'était tellement plein qu'on ne peut pas se torcher sans mettre les mains dans la merde ! » Mon père dit : « J'vais pas vous emmerder un soir de Noël, j'vais les chercher, mais à c't'heure-là, j'vous préviens, ils sont comme le bidon, archipleins. » Mon père les extrait du bistrot et ils arrivent très chantants, chancelants et extrêmement puants. Il leur faut d'abord un « jus pour se réchauffer », c'est-à-dire une tasse avec un tiers de café et deux tiers de calva (ils sont probablement au quarante-cinquième jus de la journée). Ma mère est inquiète car par le jardin il n'y a pas de sortie dans le bourg, il va donc falloir qu'ils traversent la cuisine et le salon. Le sapin de Noël, la table prête pour le réveillon, du souci à se faire.

Un devant, un derrière, attelés aux timons, ça tangue dur, anciens légionnaires ils chantent à tue-tête « Tiens v'là du boudin, tiens v'là du boudin », premier choc dans le chambranle de la cuisine, « chlaff », 5 litres de merde sur le buffet Henri II, « Tiens v'là du boudin, Lili peau de chien » (ils mélangent tout !), deuxième choc dans la cheminée, « chlaff », 10 litres de merde sur le tapis du salon, « Tiens v'là du boudin, nom d'un chien ». La famille n'en croit ni ses yeux ni son nez, statufiée. Arrivent à la porte de sortie, troisième choc, un timon échappe, le bidon tombe par terre et se vide à moitié. Mon père : « Foutez-moi le camp nom de Dieu, bande de salauds, foutez-moi le camp. » « Ben pourquoi tu t'fâches Robert, y'a tout de même

Les tinettes

pas d'quoi en faire un plat ! » Partis avec le bidon et ce qui restait dedans, on les entendait encore chanter dans la nuit glaciale « Tiens v'là du boudin... ». On ne les a pas revus ce soir-là, l'édicule est resté veuf de sa tinette.

Et que je t'éponge, et que je te « grande eau », et que je te brûle des kilos de papier d'Arménie, et que je t'engueule la mère, le fils les filles, et que je te fous une baffe et que je te « re-eau de Javel ».

Nous fûmes toutefois prêts pour aller à la messe de minuit et nous passâmes une belle nuit de Noël, c'était le bon temps.

Nous sûmes le lendemain matin que nos deux vidangeurs avaient été retrouvés ronflant bruyamment dans le fossé à la sortie du village au milieu de nos étrons gelés. L'alcool ne gelant pas, ils étaient en parfaite santé, et on a récupéré notre tinette.

Pour que cette jolie histoire familiale soit complète, il faut savoir que ma plus jeune soeur passait beaucoup de temps aux tinettes, « c'est ma petite maison » disait-elle. Quelquefois je fermais le verrou de l'extérieur, elle ne protestait pas, elle était bien là et pouvait y rester une demi-journée. Bien entendu personne ne s'inquiétait ni ne la cherchait. Moi-même, qui avait déjà des trous de mémoire, j'oubliais que je l'avais enfermée.

L'affaire se dénouait à 19 heures, parce qu'on dînait à 19 heures piles. Mon père faisait un drame si tout le monde n'était pas là car il avait horreur de manger froid. « Où est ta soeur ? » Alors ça me revenait et je courais délivrer ma petite soeur.

Et puis le jour arriva où fallut passer au tout-à-l'égout obligatoire. Mon père prit ça comme un crime de lèse-majesté, il nous fit une dépression nerveuse et nos légumes s'étiolèrent.

Aujourd'hui l'énergie renouvelable est à la mode, mais plus personne ne jardine.

---

* L'envers du décor.

L'ascaris, parasite du système digestif qui prospère dans le cycle « Engrais d'origine humaine dans le potager, rinçage bâclé des légumes ou cuisson insuffisante ». Boule dans l'estomac, boule dans l'œsophage, impression d'étouffement, vomissement brutal. Et vous avez sur la table un vers blanc dégueulasse de plus de 10 centimètres de long. Mes soeurs et moi en avons vomi plus d'une dizaine chacun, on croyait mourir à chaque fois.

Ne pas en déduire pour autant que l'engrais chimique polluant, ça a du bon.

Cui-cui

Onze ans et des poussières. C'était un curé odorant, fragrances mêlées de suint, de camembert et de feu de cheminée éteint ; sans compter parfois son haleine calvadorisée.

Vigoureux, ossu, le sang surabondant, trogne, couleur brique. Après le casse-croûte de 10 heures il se curait les dents avec son couteau comme tout un chacun, sans faire de manières. Par contre il n'était pas pédophile.

Sa soutane noire multicolore dans les tons noirs (Soulages), très astiquée dans les zones frottées (fessier, coudes, ventre), et trop courte, laissait voir ses mollets blancs au-dessus des brodequins. L'évêque (que ma mère appelait Monseigneur) l'avait nommé là parce qu'il avait le profil idéal pour se fondre dans le décor. L'évêque avait bien vu.

Un jour qu'il était sur l'escabeau en train de poser la croix sur la crèche de Noël en papier

« rocher », nous pûmes constater qu'il portait un short improbable sous sa soutane.

Deux bonnes de curé, la cinquante-soixantaine, lui tenaient son presbytère. L'une distinguée, à grands cols de dentelle amidonnés ras du cou, cheveux gris blanc relevés en chignon, lisait probablement la prière du soir ; l'autre, du genre rural, devait être affectée aux tâches plus terre-à-terre.

Les paysans qui suivaient la messe au bistrot du coin imaginaient les pires turpitudes du curé avec ses bonnes. Vers la fin de la messe, c'est-à-dire au huitième apéro, d'aucuns soutenaient avoir vu la main de l'abbé dans la culotte de la bonne la plus distinguée, c'est dire que décidément on ne peut vraiment plus compter sur personne. Quand ma mère, qui avait la foi chevillée au corps, soutenait que « tout ça c'est des ragots et le curé est un brave homme », mon père toussotait et prenait son air ironique et supérieurement entendu.

D'ailleurs, quelques mois plus tard, il n'y avait plus aucun doute pour personne que le curé couchait avec ses deux bonnes, au point que l'évêque le convoqua pour le tancer vertement d'être si peu discret dans ses ébats.

Bref, avec cette histoire à propos des bonnes, la vie de ce curé a basculé, et de tout « ben'aise » qu'il était, il devint malheureux. La rumeur laissait entendre qu'il pourrait être défroqué, perspective enchanteresse, on se l'imaginait déjà en caleçon dans la rue. Certains seraient devenus anorexiques, lui devint boulimique et se mis à solliciter ouvertement, en fin de prêche, des dons en nature. A partir de là, les fermières lui apportèrent tous les dimanches des paniers et des paniers de beurre, œufs, poulets, pintades, canards. Impossible de manger tout ça en temps, à une époque où les frigidaires ne s'étaient pas encore démocratisés.

Alors un nouveau mystère alimenta les bavardages des mécréants : les bonnes revendraient les surplus, le curé nourrirait un cochon avec les victuailles, une honte, etc.

Avec des paroissiens pareils, notre curé ne rigolait pas tous les jours, on peut dire que son job n'était pas une ciné-cure.

Néanmoins il continua à officier et à catéchiser avec zèle, mais bougon. Le matin tous les jours, messe à 7 heures pour trois vieilles filles, le dimanche, messes à 8 et 10 heures (église et bistrots pleins à craquer), et l'après-midi vêpres à 15 heures, et ce n'était pas du bâclé.

Les jeudis, c'était catéchisme pendant une heure où il était question de Pharisiens qui étaient juifs « comme tout le monde à cette époque », ce qui est tout à fait extravagant. Et Jésus aussi ? « Jésus était chrétien, comme Joseph, qui était seulement le mari de sa mère. » Sa mère, prénommée Marie, était pure de Joseph mais probablement pas de l'OVNI Gabriel, par ailleurs éjaculateur précoce. D'où le surnom de « Maculée Conception » qui est resté à Marie.

Bien mystérieux tout ça, mais on s'en foutait, ce qui nous intéressait c'était à la fin du caté, la distribution de notre hebdomadaire diocésain, « Fripounet et Marisette ». Un régal de bande dessinée qui pouvait être lue par tout le monde, même par les filles, c'est dire.

Au cours de l'année qui précédait la communion solennelle, je devais me taper tout ça, messes, vêpres et catéchisme, et en plus pendant le mois de mai, qui comme chacun sait est le mois de Marie, il fallait assister au « salut » quotidien du soir. Un régime qui pousse les gens à devenir communistes. Normalement au cours de ces offices, il nous était recommandé d'aller chercher Dieu aux tréfonds de soi, j'ai cherché, mais pas suffisamment concentré. Surtout pendant le « salut » de 20 heures du mois de Marie, aussi le mois du rut des hirondelles de retour et qui se déchaînaient « à corps » et à cris dans le ciel. Ça me donnait des idées émoustillées d'évasion. Si au moins il avait fermé la porte de l'église, le curé, on aurait eu du silence de concentration, merde.

Faut dire aussi que le mois de mai c'était également le mois du hanneton, gros coléoptère dont l'énorme larve blanche, le man, est très nuisible pour les cultures. Nous en remplissions nos poches pour aller au « salut » et nous en faisions des lâchers considérables de sept à huit cents bestioles. Le hanneton* en vol vrombit avec ses élytres, huit cents à la fois, c'est Roissy à l'heure de pointe. Dur de se recueillir comme il aurait fallu.

Enfin pendant cette année d'introspection, à force de torgnoles et autres sévices, j'ai fini par savoir par cœur le « Pater noster » et le « Magnificat » en latin, et la plupart des théorèmes du catéchisme.

Voyant cette progression aussi inattendue qu'inouïe, ma mère voulut pousser l'avantage et intrigua avec le curé, dans mon dos et dans celui de mon père, pour que j'intègre l'équipe des enfants de chœur.

Le curé opina « ça peut pas lui faire de mal », mais ne céda pas sur tout. « Vous comprenez bien, madame, la messe, tout le cérémonial, les burettes, le vin de messe, les hosties, avec votre fils ça me paraît trop risqué, on ne peut pas savoir ce qu'il pourrait inventer. Les vêpres oui, la messe non. »

Ma mère fut outrée de cette ingratitude : « A quoi ça sert que je fleurisse l'église tous les dimanches avec les fleurs que ton père cultive, alors qu'il ne va même pas à la messe ? » Mon père ricanait dans un sens, et grommelait dans l'autre pour l'affront fait à sa femme. Le curé ne céda point.

Je fus donc convoqué à la sacristie par la bonne de curé distinguée pour l'essayage de la soutane et du surplis. Tenue superbe dans le style Jean-Paul Gaultier. Soutane rouge vif jusqu'aux pieds à fermeture sur le devant par une multitude de tout petits boutons, recouverts de tissu s'il vous plaît, et col Mao ; par-dessus, le surplis blanc amidonné à encolure carrée, plissé sur le torse et terminé par une très large dentelle festonnée jusqu'aux fesses. Ça vous pose son homme.

Le jour J de mes premières vêpres en tenue d'apparat arrive. L'habillage se fait dans la sacristie, nous sommes cinq enfants dits de chœur. Le curé indique que l'entrée solennelle dans l'église se fait par ordre de taille, le plus petit devant ; j'affirme que le plus petit c'est moi, et en plus je suis le dernier arrivé, l'autre petit dit que c'est lui, je lui fous une baffe. Un grand me rend la baffe, j'attrape le petit par la tignasse, on roule par terre, empoignade générale, le curé nous botte avec ses gros godillots cloutés au bout, ça hurle, nous empoigne et nous remet debout en ligne, je suis devant !

Tous les petits boutons des soutanes sont arrachés, les surplis sont déchirés, les têtes hirsutes, nous entrons, la chorale donne le « Magnificat » à pleins poumons, superbe, je planais, je me croyais Zidane qui entre dans le stade du Real de Madrid.

Le soir le curé vient à la maison : « Bonsoir madame, je suis désolé de vous dire que votre fils a fait de gros dégâts cet après-midi, mes deux servantes estiment à trois semaines de travail la réparation des soutanes et des surplis, votre garçon n'est pas mûr pour le service à l'église, il n'est pas fait pour la lumière, il faudra désormais que vous le gardiez à l'ombre. Bref j'en veux plus. » Ma mère en est coite, humiliée, mon père qui se tient, se marre dans son coin mais me fout quand même deux baffes pour le principe.

Bon c'est pas tout ça, j'en étais à la préparation de ma communion solennelle. Cahin-caha, j'avais passé tous les examens, y compris l'entretien particulier avec un père blanc venu tout spécialement des Afriques et à qui j'avais demandé pourquoi il ne mettait pas de chaussettes dans ses sandales. Reçu troisième sur vingt-cinq ! Score très inattendu par le clergé et mon entourage, mais copies relues et points recomptés, y'a pas à tortiller c'est ça ! Grande félicité de ma maman, fierté rentrée de mon père. Moi très déçu, j'aurais voulu être au mieux quatrième, car troisième c'est celui qui récite par cœur l'« Acte à la Croix » devant l'église et devant la foule, main droite qui tient le cierge, main gauche sur la couture du pantalon.

Ma mère s'exalte et dit : « Va falloir lui acheter un cierge en rapport avec son rang et le nôtre, après tout on est pas des ouvriers, on est dans le commerce (chapeaux, soutiens-gorge, pelotes de laine et casquettes en tout genre). » Donc elle achète un cierge énorme, trois fois plus gros que celui des autres, non seulement j'en avais honte mais en plus, il était trop lourd pour que je puisse le porter d'une seule main, ce qui n'était pas conforme au rite. Trouille au ventre, tenant mon cierge à deux mains comme une matraque, j'ânonne mon « Acte à la Croix » en oubliant la moitié de mon texte sous le regard furibard du curé.

Et tout le monde entre dans l'église pour les vêpres. Aucun incident jusqu'au début du sermon, à ce moment-là la porte s'ouvre avec fracas, et on la claque pour la refermer. Tout le monde se retourne pour voir, ce sont mes deux oncles qui entrent bras dessus bras dessous, démarche incertaine. Le prêche était dans une parabole audacieuse, le curé disait : « Il y avait un aigle très haut dans le ciel bleu et plus bas un petit oiseau qui voletait insouciant. » A ce moment-là le curé s'arrête et dit : « Eh vous là-bas, approchez, approchez, il y a deux places juste devant. » Les deux oncles se mettent en branle, fous-rires contenus de la foule, tantes tétanisées s'attendant au pire, ils arrivent au premier rang et s'affalent sur le banc.

Le curé reprend : « L'aigle montait dans les cieux (autant dire vers Dieu), et le petit oiseau continuait à s'agiter et à faire son intéressant, l'aigle le voit et descend en piqué sur lui, et alors qu'arriva-t-il, que fit l'oiseau, hein, je vous le demande... » Alors mes deux oncles se mettent à gueuler : « Cui-cui, cui-cui, cui-cui ! » L'église est pliée en deux, plus rien de solennel et le curé, écœuré, s'est arrêté net, on n'a jamais su la fin de l'histoire. On peut imaginer que le prêtre voulait dire que quand on est faible faut pas énerver les puissants, faut mieux fermer sa gueule ; un truc chrétien en somme. Le curé fut invité à la maison au repas du soir.

A la Libération, notre bon prêtre a été mis en prison pour intelligence avec l'ennemi (intelligence est peut-être un peu excessif). Certains affirmaient qu'il avait fait du marché noir avec les victuailles pléthoriques que les fermières lui apportaient. Personne n'a su le fin mot de cette l'histoire.

De retour, amaigri et triste, abandonné par ses servantes, notre curé priait du matin au soir. Il ne ratait pas un pèlerinage à Lourdes, où il mourut, foudroyé devant la grotte miraculeuse.

Ma mère : « C'était un saint homme. »

A propos des hannetons.

Après guerre, le hanneton et sa grosse larve appelée « ver blanc », ou « man », étaient un véritable fléau pour les cultures. J'avais aussi mission, comme tous les élèves de l'école, de les ramasser dans les jardins en même temps que les doryphores.

Dans les années quatre-vingt-dix, j'ai rencontré un savant très doux qui venait de prendre sa retraite de chercheur. Mission de toute une vie : comment éradiquer les hannetons, fléau national. Il m'a honnêtement avoué n'avoir pas trouvé la solution. Puis un jour, les hannetons ont complètement disparu, naturellement. Il lui a alors été demandé de chercher pourquoi, et sa recherche a duré dix ans. Il n'a pas trouvé non plus, m'a-t-il dit avec un petit sourire peiné. Une vie bien remplie en somme.

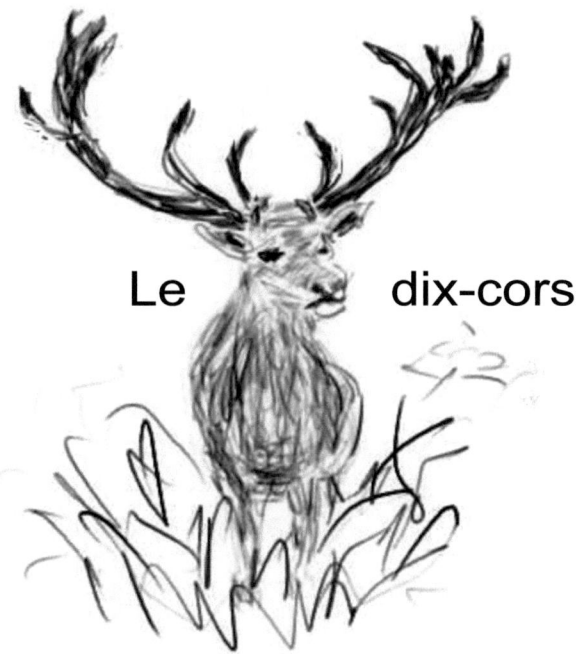

Le dix-cors

Douze ans et des poussières. On venait de terminer une partie de foot dans le terrain marécageux du bas du bourg, quand un grand cerf dix-cors apparut dans le champ, majestueusement, lentement, tête renversée en arrière pour que ses bois soient moins lourds ou pour effacer son double menton, comme le faisait feu le colonel Kadhafi. Il stoppe, ses flancs battent fort et ruissellent de sueur, arrêt sur image, nous regarde, prend le vent, on pourrait le toucher, immobiles, respiration retenue, on n'en croit pas nos yeux.

Un dix-cors au milieu du village et des garnements et qui se comporte comme s'il était chez lui ! Quelle familiarité et quel culot !

Et puis nous ayant bien vus, il se met à trottiner, s'engage dans la grande allée qui monte au chemin de croix du Mont Brûlé et disparaît au premier virage.

Au loin des cors de chasse qui trompettent et des aboiements hurlés de colère. On a compris, c'est la chasse à courre du château. Rappelez-vous, le château où mon grand-père avait été embauché quand il avait neuf ans. (Si vous ne vous rappelez pas, revoyez le chapitre « L'olécrane ».)

S'il est venu jusque-là c'est qu'il est sorti du « cercle vicieux », comme seuls les dix-cors savent le faire. Les jeunes cerfs, eux, tournent en rond dans la forêt quand ils ont la meute aux fesses. Le « piqueux » et le veneur connaissent ça par cœur et ils savent ramener la chasse à l'endroit où la bête est déjà passée, il suffit d'à attendre. C'est vicieux comme procédé.

Si notre grand cerf a la sagesse de rester planqué dans la végétation du Mont Brûlé il est sauvé. D'abord pour arriver là, il lui a fallu traverser au moins deux routes goudronnées et un rivière, probable donc que les chiens auront perdu sa trace, ensuite c'est un endroit de prières avec son chemin de croix et sa grotte au Christ gisant. Le comte du château, qui a de la religion, ne laisserait pas ses chiens et ses équipages gambader dans ces lieux. Mais le grand cerf n'est pas suffisamment sage pour résister à son envie de boire un coup et de rafraîchir ses pattes raidies par des crampes.

La voix des trente chiens vient de changer, joyeuse. Sûr qu'ils ont retrouvé la voie du cerf, celui-ci est donc sorti du Mont Brûlé, le suicidaire ! Moi je sais, parce que tous les jeudis je « fais » la chasse avec le fils du piqueux, à pied et à vélo ; je sais que le dix-cors va aller dans l'étang le plus proche, l'étang de l'Hermitage, vaste pièce d'eau peu profonde dans un écrin de la forêt. Vite les vélos, trois kilomètres par les layons, mais faut connaître, je connais, on fonce, nez dans le guidon.

On y est un quart d'heure après, on planque les vélos dans un roncier, on se vautre dans les roseaux du bord, et on attend. Surtout pas bouger, pas parler. Un bruit de feuilles, un silence, un bruit de feuilles, il arrive, s'arrête à cinq mètres de notre bauge, renifle tous azimuts, il a un doute, sent quelque chose d'inhabituel. On entend les chiens gueuler de plus en plus près et les taïaut, taïaut, taïauauauaut du veneur qui lance la meute sur la voie. Le dix-cors entend aussi, il tremble de peur et de fatigue de sa course folle. Il se décide, une patte dans l'eau puis deux, et se couche dans l'eau vaseuse là tout près de la berge, nous avons le vent de face, il ne nous sent pas. L'eau glacée c'est un piège mortel pour lui, ses pattes sont tétanisées, il sait qu'il est perdu et il pleure de grosses larmes. Nous aussi, bouleversés, on chiale.

La meute est là, vociférante. Le grand cerf s'enfonce dans la vase, on ne voit plus que les naseaux et un andouiller au ras de l'eau. Les chiens lancés à fond de train, aveuglés de colère, nous dépassent, l'équipage, cavaliers et amazones, suivent, couchés sur leur monture, tout juste s'ils ne nous ont pas écrasés au passage ! Ils sont déjà loin.

Le cerf s'est relevé, tend l'oreille et fait sa deuxième erreur fatale : au lieu de sortir de l'eau et de filer à contresens, il va vers le milieu de l'étang, difficilement, ses pattes s'enfoncent dans la vase, il s'épuise. On entend les aboiements devenir des jappements, ils ont perdu la voie, tournent en rond. Le veneur a compris et remet la meute sur la piste, ils reviennent vers nous bride abattue. L'équipage a vu le cerf, les trompes de chasse sonnent le « bat-l'eau », la meute se précipite, hurlante, dans la flotte et nage vers la bête, lui saute sur le dos, la mord aux cuisses, au cou. Le dix-cors fait face et frappe

Le dix-cors

avec ses bois, deux chiens sont balancés dans les airs, éventrés. On est contents, il y a peut-être un espoir.

Mais que faire contre trente chiens gros comme des veaux et affamés de revanche quand on est déjà exténué ? Notre grand cerf n'a plus envie de se battre, dans un bouillonnement infernal les chiens lui sautent dessus, retombent dans l'eau, mordent où ils peuvent, l'eau devient rouge tout autour. C'est la fin du combat pour la vie. Le comte ordonne la sonnerie de l'« hallali sur pied », c'est le signal de la mise à mort. La barque est mise à l'eau, le comte et le veneur embarquent, s'approchent tout contre la bête agonisante. Un dernier sursaut, un grand coup avec ses bois et la barque manque chavirer. Le veneur rattrape le comte par sa tunique rouge, de justesse. Manque de pot, on aurait bien aimé voir ce type patauger dans la flotte. Le comte dégaine sa dague et frappe au cœur, une fois, deux fois, trois fois. Quand même, dans l'équipage ça murmure de réprobation. Le veneur prend la dague et d'une frappe nette, propre, termine le sale boulot. Le grand cerf est traîné sur la berge. L'équipage fait cercle autour de la dépouille et sonne la « curée », c'est poignant. Le piqueux affûte son coutelas sur sa pierre à faux, découpe les deux cuissots et les deux épaules et les distribue aux « gens » du château.

Puis la bête est éventrée, tripes mises à l'air. La meute est frémissante tout autour mais ne s'approche pas. Elle attendra le signal du piqueux pour se jeter sur la tripaille fumante et n'en fera qu'une bouchée.

Le comte et son équipage rentrent au château, où les cuisines auront préparé une collation. Le veneur, le piqueux et autres rabatteurs vont enlever les restes du cerf, ramener les chiens au chenil et les nettoyer, brosser les chevaux et les rentrer à l'écurie. Enfin ils retrouveront leur femme dans les communs.

Nous, on reprend nos vélos. On est tristes, faut comprendre, le dix-cors était notre ami.

La noblesse, c'est pas ça...

L'oncle Jules

Casquette posée sur une bouille ronde, cheveux drus poivre et farine, quelque chose de blanc entre les dents comme s'il mangeait sa pâte, l'oncle Jules était boulanger comme son père et comme le sera plus tard son fils aîné.

Tenue unique : chemise à rayures sans col, boutonnée au cou, larges bretelles, pantalon bleu clair fermé verticalement par trois boutons, remonté haut sur son ventre prospère, nus pieds dans des galoches. Ne fumait pas, ne buvait que de l'eau, parlait peu. C'était un bonhomme bon.

Pendant les vacances, je fréquentais la boulangerie seulement le soir, la nuit ou le matin, car l'après-midi j'allais « aux lapins » même si « J'aime pas le lapin ».

J'ai cru longtemps que la vie de l'oncle Jules se passait uniquement dans son fournil et à la table de sa salle à manger contiguë, unique pièce à vivre de sa maison. Il allait directement de la « boulange » au bout de la table, cinq mètres à faire. Maintenant que j'y pense, je me demande s'il avait un lit quelque part où dormir.

Entre deux fournées de nuit et en attendant que la pâte à pain lève dans les « couches », il s'allongeait sur son pétrin pour un petit somme d'une heure. C'était le moment pour moi de rouler les croissants, ma spécialité. J'avais le droit de manger tous les gâteaux de la boutique, mais ma frénésie gourmande se portait sur le paquet cubique de levure de bière, au goût douçâtre à texture du savon, et sur la pâte à sablé délicieusement sucrée.

Il fallait aller chercher le bois de chauffage du four à cinq cents mètres avec une brouette, l'eau à cinq minutes à la pompe à bras dans deux seaux en bois accrochés au joug, et la farine au grenier dans des sacs de cent kilos. Quel métier ! Mais quel pain !

Flamme éteinte, on prenait le ringard, sorte de grand râteau de croupier pour sortir les braises qui tombent dans l'étouffoir, la « patouille » pour nettoyer les cendres, ensuite on pouvait mettre au four, et ça c'est un coup de main ; pain sur la pelle, incises au rasoir sur le dos pour que le pain s'ouvre comme une fleur en croûte, ranger les pains au plus près les uns des autres, retirer la pelle en bois d'un coup sec pour que la pâte reste intacte. Ça cuit, de temps en temps on ouvre la porte du four pour contrôler la couleur, de paille à doré.

L'oncle Jules

Pendant ce temps l'oncle et son commis pétrissent la prochaine fournée.

C'est l'oncle Jules qui prélève, à l'œil, un morceau de pâte dans le pétrin mécanique, le jette sur le plateau de la balance romaine, très rare qu'il faille en enlever ou en rajouter. Le commis s'en empare, une pincée de farine sur la table, écrase la pâte, la « tourne », les deux mains à plat, du milieu vers les extrémités, pâte molle mise sur la toile de la « couche ». Ça a duré quelques secondes. Longuets sur une tôle, pains ficelles, pains à soupe, pains de deux livres, de quatre livres, de six livres, de dix livres se succèdent. Train d'enfer, atmosphère enfarinée, sueur, chaleur, mutisme des deux hommes, je me faisais oublier. Allez, le dernier, c'est un de dix livres, il est mis dans un « banneton » pour lever, trop gros, trop mou pour être manipulé.

La fournée est cuite, le commis tire les pains, les badigeonne d'eau pour qu'ils brillent, les prend brûlants à main nue. L'oncle sort le jeu de dames du placard de la cuisine, pour une partie, c'est mon cadeau, peut-être même qu'il me laissera gagner. « Dire que je lui ai appris le jeu et maintenant voilà qu'il me gagne. » C'est le cœur de la nuit, porte du fournil fermée, on perçoit le ronflement du Gaston, le commis, et « Les routiers de nuit » sur Radio Luxembourg. Les pions sont comme des palets, ébène et buis, « clac, clac, clac, clac, j'te prends quatre pions et je vais à dame, t'as perdu, on retourne au boulot ». Ce jour-là, la fournée suivante ne pouvait pas attendre. C'était le rythme du vendredi midi au dimanche midi, sans pouvoir se reposer un instant dans un lit.

 Il est midi, l'oncle Jules trône, heureux, au bout de sa tablée. Il a dit « Asseyez-vous donc pour manger avec nous » aux deux ou trois clients paysans venus à la boutique. On est huit, dix, assis à cette table ouverte. La tante Madeleine, sa femme, ne proteste pas « puisque c'est son plaisir », elle restera debout devant sa petite cuisinière à bois à touiller le frichti, en rajouter si besoin. Elle mettra sur la table un plat copieux qui fume bon et qui se révélera, comme toujours, délicieux.

 Cuisinière hors pair, la tante, mais comment faisait-elle donc cette femme aux gestes très lents, et avec peu de moyens, pour concilier l'épluchage de montagnes de légumes, le service à la boutique, la mise en place des couverts, etc., avec la préparation de déjeuners et dîners parfaits et à l'heure pile ? Jalouse de son talent de cordon bleu, sa façon d'exister peut-être, elle n'a donné ses recettes à personne, perdues à jamais.

 L'oncle Jules ne prenait pas comme tout le monde un morceau de pain, il prenait carrément un pain de deux livres dans lequel il taillait de gros quignons avec son couteau, manifestement un plaisir jouissif. La tante : « Tu devrais manger moins de pain, c'est pas bon pour ta tension. » Lui : « Un boulanger doit montrer que son pain est bon. » J'aimais autant l'oncle Jules que son pain, c'est peu dire.

Les grands moments festifs organisés par l'oncle étaient les parties de pêche aux écrevisses et les réveillons, les trois clans familiaux du village y étaient conviés.

Les écrevisses c'était les lundis de repos du boulanger, pendant les journées chaudes de l'été.

Préparer les balances, cercle de fil de fer fermé par un filet, on accroche un gros écrou au milieu pour que le filet fasse poche. Vérifier la solidité de la grande ficelle qui s'ouvre en trois brins au-dessus de la balance pour qu'elle reste horizontale quand on la sortira de l'eau. Les trois oncles ont mis de côté des chutes de bidoche et les trois tantes ont préparé le pique-nique.

Allez on embarque dans la voiture, c'est une Unic d'occasion, ex-voiture de maître, trois places à l'arrière, deux strapontins et encore de la place pour deux tabourets ; l'Unic de l'oncle Jules est l'unique de la famille. On va à travers champs jusqu'à la rivière, l'herbe est haute, regarder où on met les pieds, les vipères et couleuvres sont en pleine forme avec ce temps, on tape au bâton tout autour pour qu'elles s'en aillent. Les femmes étalent des couvertures et s'installent autour des paniers casse-croûte, l'oncle Jules se couche dans l'herbe et ronfle tout de suite.

L'eau est limpide, le niveau est bas, on voit le fond. Chaque gamin a droit à deux balances, d'abord couper une branche de noisetier de trois mètres en laissant une petite fourche à une extrémité dans laquelle on passera la ficelle. Il faut placer les balances astucieusement, un peu de courant et un peu d'ombre, peu profond, et on attend. Pas longtemps. Elles arrivent, une puis deux, trois, des grosses, des petites, ça se chicane sur la bidoche, à six on relève. Ne pas chipoter sur la ficelle, à la moindre vibration, les écrevisses, vives comme l'éclair, se taillent en marche arrière avec leur queue à ressort. Tirer fermement sans à-coups, poser doucement sur l'herbe et plonger sur la balance. Le temps d'attraper les plus grosses par le dos, les autres ont déjà disparu, et je vous le dis, personne n'a jamais retrouvé une écrevisse qui se planque dans l'herbe.

Et puis la pose casse-croûte, la terrine de pâté de lapin, le camembert, des fruits, le pot de cidre, c'est « Le déjeuner sur l'herbe » version prolo. De franches rigolades, l'oncle Jules est content, heureux que la tribu soit joyeuse. La pêche reprend, la rivière est inépuisable d'écrevisses, la « pouche », sac en jute pouvant contenir 50 kg de patates, se remplit. Quand elle sera pleine à ras bord, nous aurons ramassé 500 à 600 écrevisses. Suffisant pour le dîner...

De retour à la boulange chacun devra arracher la caudale centrale de la queue pour retirer le boyau noir, les écrevisses seront ensuite jetées vivantes dans l'eau bouillante du grand chaudron en alu. La tante Madeleine touille. Les écrevisses arrivent sur la table, rouge vif, fumantes, parfumées avec on ne sait quoi.

La curée, on ne perd pas son temps à dépiauter les pinces, trop de boulot, sauf les très grosses, les queues, uniquement les queues, une queue, une bouchée de pain grassement beurré, une gorgée de cidre, jusqu'à rassasiement. C'était le bon temps des rivières généreuses.

Un sacré « tintouin » que les deux réveillons, grands jours pour le rayon pâtisserie, en plus « c'est ça qui paye », le pain « ça paye pas le mal qu'on se donne, surtout les gros ». A partir de six livres le pain était pesé, trop léger un morceau pris sur un autre pain était ajouté, par contre trop lourd le pain n'était pas amputé.

Le soir de Noël, la boulangerie devenait une usine à bûches, on en fabriquait des stères à la chaîne. Celui qui fabriquait les « plaques » de génoises, celui qui les garnissait de crème à la spatule, celui qui les roulait et les coupait à la dimension pour quatre, six, douze personnes, celui qui les enrubannait à la poche, crème au beurre, chocolat. Nous on plantait le bonhomme de neige, le sapin en sucre, et pour finir on saupoudrait des grains blancs sur du chocolat, et des grains chocolat sur de la crème au beurre.

Les clients venaient chercher leurs gâteaux après la messe de minuit. Ensuite on mangeait la dinde puis on continuait à « bûcher » toute la nuit pour les commandes du lendemain matin. Fatigue aidant, ça rigolait de moins en moins et ça bougonnait de plus en plus. La Saint-Sylvestre c'était la nuit du cochon, en plus du reste. Faut vous dire que l'oncle Jules « faisait » un cochon tous les ans à base de patates bouillies, de son et d'orties hachées mélangés et de montagnes de reliefs de la cuisine.

Pour le cochon, c'est l'oncle Henri qui venait de la ville pour officier. Henri, ancien boucher-charcutier devenu fonctionnaire parce qu'on fait moins d'heures, même moins de 35 heures/semaine murmurait-on, car on ne pouvait pas dire tout haut ce genre d'information devant Gaston, le commis, qui faisait ses 80 heures, après on aurait pas pu « le tenir ».

Henri, donc, avait des loisirs pour aller à la chasse et faire la fête, ce qui était la grande affaire de sa vie, un joyeux drille en somme, mais sa femme pas du tout. Tuer le cochon et le débiter en compagnie d'autres gais lurons, c'était une fête bien arrosée car à Noël il ne fait pas chaud. Nous mangions du boudin frais encore tiède et des rillons au repas de réveillon.

A cette époque d'occupation par l'ennemi, les Français avaient faim. Enfin pas nous, parce que l'oncle Jules veillait. Il disait : « Le boulanger a le devoir de nourrir la population. »

Pour avoir du pain il fallait des tickets délivrés par la mairie, le droit était 400 grammes/jour pour les adultes, 200 grammes pour les enfants. 130 kilos de tickets de pain permettaient au boulanger d'avoir 100 kilos de farine chez le meunier. Toute fraude était punie de prison, certains boulangers en ont fait six mois pour avoir vendu plus de pain que ne le permettaient les tickets. Les gendarmes français faisaient du zèle. Mais l'oncle, vu sa « mission de nourrir la population », avait organisé un circuit interdit avec la complicité des paysans et du meunier. Les paysans apportaient du blé en secret

(1 kg de blé = 1 kg de farine complète pour du pain « noir »). L'oncle partait en carriole la nuit avec le blé jusqu'au moulin à quelques kilomètres et rapportait la farine. Le paysan avait son pain en échange, la fabrication et la cuisson étaient gratuites.

Personne, ni rien n'aurait empêché l'oncle Jules de remplir sa mission. Cet homme, c'était du bon pain.

Et vous en connaissez, vous, des oncles qui vous apprennent à jouer aux dames la nuit dans un fournil ?

Midi - 19 heures pétantes

Les repas chez nous ce n'était pas de la rigolade. C'était à midi et à sept heures du soir, pile.

Au dernier coup de l'horloge de l'église juste en face, tout le monde devait être assis à sa place, chacun avait la sienne définitivement attribuée.

La table est rectangulaire. Ma mère est à un bout, dos près de la cuisinière car frileuse, mon père est à sa droite, il tourne le dos à la fenêtre pour que son journal ne soit pas à contre-jour, à sa droite mes deux soeurs, à l'autre bout de la table la « dame » cuisine, à la gauche de ma mère mon grand-père. Si vous avez l'esprit de déduction vous devez me localiser entre la « dame » et mon grand-père. Tout le monde était prié d'être bien propre sur lui, peigné, ongles récurés. Superfétatoire de rappeler ici que toute tenue négligée suggérant, même de loin, la chambre à coucher, était strictement interdite au rez-de-chaussée, même pour le petit déjeuner. Surtout pas en débraillé de couchage quand, pendant les grandes vacances il arrivait, par accident, que l'on se réveillât à midi moins le quart. C'eût été jugé comme l'apologie d'une fainéantise crasse. Si une de mes soeurs semblait mal débarbouillée, je lui disais : « Toi t'es fraîche comme un pot de pisse ce matin. » Tout le monde rigolait, y compris mon père, et j'achetais ainsi la clémence du dictateur pour un petit moment. Félon comme c'est pas permis.

Arriver en retard était risqué car dans ce cas mon père avait un fonctionnement de cocotte-minute, chaque seconde nous rapprochait dangereusement d'une explosion nucléaire.

Disons pour fixer les esprits qu'au-delà de dix minutes de retard, il fallait choisir entre deux tremblements de terre, soit affronter direct et s'asseoir à table, soit ne pas apparaître du tout. Progressivement, prenant de l'assurance avec l'âge et ayant émigrés comme tout le monde à la grande ville, quand nous venions pour un week-end et pas certains de pouvoir arriver à l'heure, nous nous arrêtions en route au restaurant, sans toutefois prévenir puisque les téléphones portables n'étaient pas d'actualité. La sanction était alors quarante-huit heures de mutisme boudeur. L'escalade d'après ce fut de ne pas prévenir de notre visite, et on s'arrangeait pour arriver bien entre les repas. « Vous auriez quand même pu prévenir, merde, qu'est-ce qu'on va pouvoir faire à manger ce soir ? »

Un dîner type

Il est sept heures moins vingt. La soupe « bouillasse » sur le feu depuis trois heures, de l'eau, des poireaux hachés à un centimètre, de grosses patates coupées en morceaux calibrés pour tenir dans une cuiller à soupe et du gros sel précisément dosé par ma mère. Sur la table, la soupière en faïence et le pain à soupe ; celui-ci spécialement cuit pour la soupe, c'est-à-dire qu'il ne peut vraiment pas servir à autre chose, même les poules n'en voudraient pas. C'est un pain plat dont la cuisson a été arrêtée juste avant la carbonisation. Avec un couteau, on en coupe de petits morceaux dans la soupière, ni trop ni trop peu, un tiers environ de la hauteur. Si c'est trop, la soupe c'est du béton, ce qui n'aurait plu à mon grand-père, pour qui l'idéal était que la cuiller se tienne debout seule, mais ce n'était pas l'idéal de mon père. Si on ne met pas assez de pain, la soupe, c'est de la « lavasse ». Faire gaffe.

Vous mettez un gros morceau de beurre sur le pain dans la soupière, frais l'été, rance l'hiver, vous posez la soupière sur la cuisinière à côté du faitout, et avec une louche vous la remplissez, attention, ni trop de patates, ni trop de poireaux, ni trop de jus, faut être mesuré et raisonnable (cette opération était appelée « tremper la soupe »). Et vous reposez la soupière sur la table ; le beurre nous fait de gros yeux. Faut reconnaître que ça sent bon.

Il est toujours sept heures moins vingt. Dans les vingt minutes qui restent le pain mouillé par le jus brûlant va gonfler et se ramollir et la soupe va se refroidir à une température à point pour « pouvoir manger proprement ». « On va pas tous souffler comme des imbéciles sur nos cuillers pour refroidir et aspirer la soupe comme des sauvages. »

C'était toujours la même soupe, tous les jours depuis des siècles.

Il est 19 heures (le soir pas de « dame cuisine »). Mon grand-père arrive, il n'enlève ni sa veste de chasse, ni son béret, pose sa carafe de cidre sur la table, tout le monde s'assoit.

Mon père prend la louche, d'un coup de menton il désigne celui qui doit tendre son assiette, pas intérêt à être dans la lune, on s'attirait un sec « finis-en », deux louches chacun, pas à discuter. Sauf mon grand-père qui en prenait trois (parce qu'il ne mangeait pas autre chose), assiette creuse à ras bord, mon père arrêtait de servir pour voir si d'aventure le vieux n'allait pas en renverser sur la table. Exploit du vieux avec ses mains gourdes et son coude coincé, l'assiette arrive à bon port, ouf ! Pas question de laper ou de « supper » avec bruitage associé, sauf mon grand-père qui « suppait » depuis quatre-vingts ans mais qui ne s'entendait pas car sourd comme un pot, aussi il s'étonnait du regard foudroyant de son fils (mon père). (« Supper » veut dire aspirer avec le bruit caractéristique de la succion. Les arabes « suppent » leur thé brûlant parce que là-bas c'est chic.)

Mon père coupe une tranche de pain par personne (c'est un pain de quatre livres bien cuit avec de la croûte), vérifie que c'est bien du pain d'hier parce que « du pain frais, on en mange davantage et c'est moins bon », ce qui, il faut le reconnaître, est vrai.

Soupière débarrassée, on passait à la suite. Ce soir c'est, dans l'ordre, patates à l'eau qu'il faut éplucher en se brûlant les doigts et sur lesquelles on met un morceau de beurre frais, ensuite c'est nouilles au beurre. Réfléchissant (vu qu'on ne pouvait rien dire) que je n'avais pas fait une connerie depuis au moins vingt-quatre heures, je prends vite fait une patate chaude et l'écrase sur le crâne chauve de mon grand-père, béret par-dessus. Ni vu ni connu. Le grand-père « griche » un coup (gricher, c'est faire une grimace) et grommelle une fois de plus : « Y'a pas d'chose qui n'invente. » « Qu'est'ce tu dis ? » « Rien, rien. » Le grand-père ne bronche pas, il rigole dans sa moustache.

Le plat de nouilles arrive, mon père reprend la louche, le coup de menton est pour moi. « J'en veux pas. » « Comment ? » « J'te dis, j'en veux pas. » « Donne ton assiette. » « J'te redis, j'en veux pas. » « Ah ! nom de Dieu ! » Et il me balance la louche de nouilles à travers la figure (c'était des spaghettis). Je me lève d'un bon, prends le couteau de cuisine et hurle « J'vais te tuer » et lui saute dessus. Il se taille vite fait dans le jardin. Il réapparaît pâle comme un mort, pas un mot, et réclame le camembert. Un milliard de Chinois envahiraient la France, trois bombes atomiques tomberaient sur Paris, qu'il réclamerait du camembert pour finir son repas.

Mon grand-père essuie la lame de son couteau, le ferme et le met dans sa poche, se lève, prend la carafe vide et s'en va avec la patate sous son béret. Il rigolait toujours dans sa moustache.

Midi tapante

Il est midi moins dix, tout le monde est déjà dans la cuisine prêt à toute intervention ; le chef va arriver du boulot avec sa mobylette et il a une demi-heure pour bouffer.

La « dame cuisine », madame Pelou, a préparé le repas selon des instructions très précises de ma mère, et mis la table. Le journal du jour, « Ouest

France », est prêt à lire, bien plié pas froissé, appuyé tout droit sur le verre de mon père. Il arrive en bleu de travail très sale, odeur de fer rouillé, s'assoit, s'assoyons. A l'autre bout de la table en face de ma mère, la « dame cuisine » passe l'entrée (rondelles de patates et de betteraves rouges, œufs durs vinaigrette), le plat principal est déjà sorti du four pour qu'on ne perde pas notre temps à attendre que ça refroidisse dans l'assiette.

Il est midi dix, c'est à ce moment-là, en général, que dring ! sonnette du magasin, ma mère disparaît assez contente, entre autres parce que le commerce marche. On ne la reverra plus.

Le père boude : « Commence à m'faire chier ce magasin », tourne les pages de son journal rageusement, énervé, se mouche dans sa serviette de table et la met dans sa poche. Dans deux minutes il dira à la « dame cuisine » : « Y'a pas d'serviette aujourd'hui ? » Elle lui en donne une autre. Mange son bout de camembert. Se lève, allume le poste radio pour les informations, il est debout, fesses appuyées sur la cuisinière (voir le chapitre « T'es bon à rien »). Son café est servi, rien ne doit bouger, ni les personnes, ni les choses, avant qu'il ait fini son café. Il s'en va, l'ambiance se détend, on a le droit de débarrasser la table.

Rien à dire, on était bien nourris.

La bouffe (suite de 12-19 heures)

Nous sommes après guerre, la bouffe à cette époque, c'était une grande affaire. On ne descendait pas chez le Tunisien du coin à 10 heures du soir pour acheter une plaquette de beurre, une boîte de sardines, des tranches de pain sous plastique et une bière fraîche.

Quand on était modeste, bien bouffer, c'était beaucoup de sueur, de saisons et d'anticipation.

C'est mon père qui donnait la sueur. Six heures par jour dans ses trois potagers, du point du jour à 7 heures avant de partir à la mine, et le soir après souper jusqu'à la nuit. Légumes bien gras aux couleurs appétissantes, à profusion : pois mangetouts, petits pois à écosser, flageolets, artichauts, radis bien ronds, côtes de blette, salades diverses, patates à chair fine (roseval, belle de Fontenay, charlotte, bintje, ratte), patates pour la soupe, haricots à rame, sans rame, choux de pomme, poireaux, échalotes, oignons, endives, betteraves rouges, persil frisé et plat, fines herbes, pois soissons. Cueillis le matin à la fraîche, mangés dans la journée.

Pour être juste, j'étais aussi mis à contribution pour sarcler les allées des jardins et arracher les mauvaises herbes dans les planches de légumes, un boulot de manœuvre pour m'occuper pendant les grandes vacances. Et je ne parle pas des doryphores (insectes de un centimètre à rayures noires sur le dos) qui, par millions, bouffaient les feuilles des patates et qui étaient ramassés les jeudis par les enfants des écoles, sous l'autorité de l'instituteur.

Pour l'anticipation légumes, c'était repiquage de poireaux à l'automne et qui restaient plantés dans le jardin tout l'hiver, par grand gel il fallait s'armer d'une pioche pour les déterrer, idem pour les choux. De la mâche et des endives pour une salade fraîche à Noël.

Récoltées à l'automne, les patates cultivées sur 500 mètres carrés étaient stockées à la cave, et on tenait ainsi jusqu'à la fin du printemps suivant, quand arrivaient les délicieuses patates nouvelles.

La viande maison c'était une semaine un lapin et la suivante un poulet (voir le chapitre « J'aime pas le lapin »).

Ne nous manquaient que le café, le lait, le beurre, la crème, sel, poivre, et le pain.

Le café était réservé pour l'après-repas du midi ; pour le petit déjeuner le café c'était de la chicorée torréfiée.

Le lait venait tout frais directement de la ferme, où nous allions le chercher, à pied ou à vélo, dans des pots en aluminium. Il était immédiatement bouilli pour qu'il ne « tourne » pas. Faute de surveillance attentive le lait se « sauvait » assez souvent, bouchant les trous des brûleurs à gaz difficiles à nettoyer, c'était un drame : « C'est quand même malheureux, t'es bon à rien »

Les enfants d'aujourd'hui qui ne connaissent que le lait tripatouillé ne savent sans doute pas que le lait de ferme gonfle comme un ballon quand il bout. Quand malgré tout, le lait « caillait », ma mère en faisait du fromage blanc. Comme quoi sans réfrigérateur et sans congélo, si on s'en donne la peine, rien n'est perdu.

Le pain ne séchait pas comme maintenant. Les paysans, qui venaient au bourg une fois par semaine pour vendre leur beurre et leur crème, achetaient un ou deux pains de dix livres qui étaient toujours aussi bons à la fin de la semaine suivante. Nous, on achetait du pain de quatre livres chez mon oncle Jules, le boulanger (voir le chapitre concernant ledit oncle) ; parfois on allait chez l'autre boulanger, car « quand on est dans le commerce, faut faire plaisir à tout le monde ». C'était le pain défendu.

La viande de boucherie fraîche était réservée aux grandes occasions. Par contre nous avions du lard salé : mon père achetait un demi-cochon à Noël, le découpait et le salait au gros sel dans un très grand pot en grès. Le cochon avait cinq centimètres de lard ; bouilli, ce gras gélatineux tremblait dans le plat, seul mon grand-père aimait ça, car c'est la seule viande qu'il ait mangé jusqu'à ses dix-huit ans, on revient toujours à la nourriture de son enfance.

Par contre un morceau froid avec du gras épais bien blanc, un quignon de pain fraîchement rassis et une jeune échalote, c'est une nourriture sublime. Mais on avait beau faire, le lard salé, même après un long séjour dans l'eau changée régulièrement, c'était toujours salé.

Le beurre pour l'hiver c'était comme pour le cochon : mon père en salait vingt-cinq kilos au gros sel, conservé aussi dans un grand pot en grès. Ce beurre était acheté au cœur de l'été, il est excellent et abondant à ce moment-là, donc bon marché. Bien sûr le beurre devenait rance, mais il y a rance et rance : légèrement rance sur les galettes de sarrasin du vendredi, journée maigre, c'est délicieux ; très rance (en février, mars), ce n'était mangeable que dilué dans la soupe.

Voilà, c'est ce qui fait qu'avec toutes ces bonnes choses on a été bien « élevés ».

Le personnel

Mes parents étaient trop riches pour avoir droit aux bourses d'études pour leurs trois enfants, qui étaient pensionnaires au collège, et trop pauvres pour me payer des pantalons sans fond de culotte rapiécé d'une autre couleur et des godillots autrement qu'avec des semelles en bois (la semelle était bardée de morceaux de pneus cloutés et le bout renforcé par du métal découpé dans une boîte de sardines). Nos parents « se saignaient aux quatre veines » pour notre éducation.

Pour joindre les deux bouts, mon père cultivait trois potagers, ça lui prenait cinq à six heures par jour, trois heures dès l'aube avant de partir au boulot, trois heures le soir jusqu'à 22 heures. En un mot on tirait le diable par la queue.

Et pourtant nous avions du personnel, enfin surtout ma mère.

Lorsque ma grand-mère, veuve de guerre 14-18, toucha son maigre pécule en 1920 après que son mari disparu à Verdun en 1916 fut reconnu « mort pour la France », elle loua une petite mercerie. Il fallait nourrir ses cinq petites filles et la mercerie améliorerait l'ordinaire, ainsi elle pourrait tenir la boutique dans la journée 40 heures par semaine et poursuivre son métier de couturière la nuit 40 heures par semaine, et ce afin d'équilibrer ses activités...

Certificat d'études en poche à 12 ans, ma mère est allée apprendre le métier de modiste à la ville, à douze kilomètres. Elle se rendait à pied à la gare située à cinq kilomètres.

Ma grand-mère étant précocement usée, à 14 ans ma mère reprit la boutique à son compte et y adjoignit un peu plus tard, dans la cuisine, une fabrication de chapeaux pour dames. Ainsi nous avons grandi dans l'odeur du feutre mouillé au milieu de toutes sortes de chapeaux, de la capeline en paille de Chine au chapeau de deuil avec son grand voile noir repassé à la vapeur. Les formes métalliques chauffaient sur la cuisinière à bois à côté du frichti.

Dieu merci pour le commerce de ma mère, on n'était pas dans une contrée où on enterre les cadavres tout chauds. On gardait nos morts au moins trois jours à la maison et on veillait sur eux pour que les mouches n'aillent pas farfouiller dans les narines et les oreilles. Trois jours cela laissait le temps à ma mère de fabriquer tous les chapeaux pour les funérailles, c'était le coup de « feus ». Pour les communions et les mariages c'était kif-kif ; on aurait pu penser qu'elle aurait beaucoup plus de temps, mais non, les bonnes femmes attendaient de savoir si « l'autre » allait faire la dépense avant de passer commande. C'était toujours du dernier moment. Trois jours sans dormir pour honorer la commande, ma mère a toujours fait face.

Sa notoriété due à son talent et ses prix dérisoires s'étendit rapidement à tout le canton, aucune mariée n'aurait quitté la ferme sans que ma mère ne l'ait coiffée et n'ait arrangé son voile. On venait la chercher et on la ramenait en carriole (voiture hippomobile), et on lui offrait une brioche et un cornet de dragées pour la remercier de ce déplacement gratuit.

Ma mère travaillait pour sa gloire.

Quand ce fut vraiment trop, une première « dame » arriva pour faire le gros-œuvre des chapeaux, ma mère se réservant la dernière touche sur la forme et la décoration, fruits brillants multicolores qu'on en mangerait, grandes épingles à grosse tête en plastique façon nacre, plumes d'oiseau de paradis, etc.

Et puis les enfants arrivèrent, moi en premier comme toujours, mes soeurs ensuite, c'est normal.

Le personnel

Les chapeaux, le magasin et les gosses..., il a fallu prendre quelqu'un. Ce fut Simone, qu'on appelait familièrement par son prénom, la seule du genre parce qu'elle n'était pas une dame. Affectueuse, elle me prenait dans son lit et je me blottissais dans ses nichons. Va savoir.

Dans la cuisine grande comme un placard, ça se bousculait pas mal, surtout au moment des repas, car mon père prenait ses aises. Et puis la Simone, un soir alla au bal. Elle en revint grosse d'un contremaître exotique et qui disparut comme il l'avait prise, furtivement. Frappée d'opprobre à l'extérieur, Simone n'osait plus sortir pour faire les courses, et de grosse elle devenait énorme au point de remplir la cuisine. Ce n'était plus possible et Simone s'en alla pour mettre son enfant au monde.

Pendant ce temps-là, le monde moderne s'organisait et ma mère n'était plus obligée de fabriquer les formes des chapeaux, elle les achetait toutes faites. La « dame » chapeaux fut remerciée, d'ailleurs la mode changeait et il n'était plus rare de voir des femmes effrontées nu-tête à la messe, un véritable scandale.

Pour compenser cette baisse d'activité, ma mère ajouta à son magasin une branche « couronnes mortuaires », lesquelles étaient entreposées dans ma chambre sous les combles, ce qui me donnait des cauchemars. Mais à quelque chose malheur est bon, nous apprenions les rudiments de l'écriture en construisant les épitaphes sur les couronnes : choisir les lettres en aluminium et les fixer sur un ruban perforé. Pour « A mon cher époux aimé pour l'éternité de l'éternité », nous étions conscients que ça faisait beaucoup, aussi nous choisissions une couronne en fines perles de verre, parce que imputrescibles, faut être honnête.

La vie de ma mère c'était le commerce (chapeaux, soutiens-gorge, pelotes de laine, casquettes en tous genres, couronnes funéraires), alors comme « on ne peut pas tout faire », et ce d'autant plus qu'elle avait ajouté au reste un dépôt de pressing, il lui fallait des « gens » pour s'occuper de la maisonnée, surtout avec un mari qui ne rigolait pas et qui mangeait à heures très fixes et trois enfants.

Donc nous avions toujours une « dame » pour les différents travaux, une au ménage, une autre au repassage, une encore pour préparer les repas, sans compter la laveuse, la mère Rabolot. La mère Rabolot faisait bouillir longuement le linge dans une grande lessiveuse où mon père mettait du « cristaux » (soude en paillettes) et des os bouillis, les deux, associés, faisaient du savon. Quand ça avait bien bouilli pendant quatre ou cinq heures, la

Le personnel

mère Rabolot chargeait le linge sur une brouette et allait le rincer au lavoir communal, où il fallait casser la glace l'hiver. Une vraie rustique, rouge et ronde de partout, qui intéressait mon père (dixit ma mère sur sa fin) pourtant intellectuellement distingué. Ma mère ne lui disait pas « madame » Rabolot.

La repasseuse, qui était plus violacée que rouge, disons cramoisie, avait un gros cul, ce qui énervait considérablement mon père : « Elle ne peut pas tourner autour de la table sans cogner dans le frigidaire ou le buffet, et pourquoi elle tourne autour de la table, j'te l'demande, elle peut pas passer ailleurs, merde... »

La dame qui s'occupait des repas était une « dame », madame Pelou. Grande et mince, chignon gris serré, blouse noire à petites fleurs blanches, galoches et chaussons de feutre, lunettes en fer. Ancienne métayère, elle disait « mes maîtres » en parlant des propriétaires de sa ferme, ça plaisait bien. En plus elle ne parlait à table que si on lui posait une question. Ma mère disait : « C'est quelqu'un qui sait se tenir à sa place. » En fait cette dame Pelou tenait aussi ma mère à sa place, elle était de ces serviteurs qui grandissent leurs maîtres.

D'ailleurs tout devait être à sa place, les choses (« J'vous ai déjà dit de mettre le faitout dans le bas du placard »), les gens, le travail. Un col de chemise repassé avec un pli appelait un « qui qu'c'est qu'ça ? » comminatoire. « Je'l refais tout de suite Madame ». Respect réciproque, ordre et travail bien faits étaient les maîtres mots. Seul mon père pouvait « tracasser » ma mère.

Ma mère disait « mes gens » ou « mon personnel », ce qui était normal puisqu'elle affirmait avoir des antécédents très lointains dans l'aristocratie, ce qui n'a pas été vérifié. Son œil bleu acier suffisait pour que ça marche droit, une petite familiarité de l'une des femmes à son service appelait une mise au point cinglante. « Ses gens » avaient néanmoins pour Elle une amitié respectueuse et admirative.

La veille de Noël, le magasin restait ouvert jusqu'à minuit. Il y avait toujours un paysan qui se pointait à minuit moins le quart, en rasant les murs, pour acheter à sa femme une culotte et un soutien-gorge en rayonne rose. C'était la grosse journée de l'année ; ma mère renversait la caisse sur la table de la cuisine et mes soeurs et moi on comptait les sous, c'était la « comptée ». Les billets étaient « liassés » avec des épingles, les pièces roulées dans du papier journal. Eblouissement de l'argent, on se croyait riches, et toute la famille riait.

Ma mère ne travaillait pas douze heures par jour pour s'enrichir, non, elle travaillait pour maintenir son standing de dame « reconnue ». Le prix à payer, qui mangeait le peu de gains, c'était le salaire de « ses gens ».

Le jour de ses 70 ans, ma mère a fermé sa boutique et son activité chapeaux. Mon père expéditif, pour « débarrasser vite fait et en finir », a mis tout le bazar sur le trottoir un jour de vide-grenier. Blessée à mort que l'on puisse vendre toute sa vie à l'encan au vu et au su de tous, ma mère n'est plus jamais sortie de la maison. Elle est morte à 95 ans. Alors, comme elle nous l'avait fait promettre, Martine lui a enfilé son Damart pour qu'elle ait moins froid.

L'éducation politique

Jusqu'à 13 ans et des poussières. Ma mère, catholique pratiquante, m'expliquait que l'Eglise est du côté des faibles (y compris des bienheureux faibles d'esprit) et des pauvres parce qu'Elle est généreuse.

J'ai pu observer que la générosité est la spécialité des dames patronnesses, pas la bonté, car la bonté ce n'est pas obligatoire pour être un bon chrétien. En revanche, on a vu des communistes qui avaient de la bonté, mais c'est rare. Et plus rare encore chez les catholiques.

Ma mère, qui était très intelligente, avait de la bonté distante.

Mon père, ouvrier athée et apolitique, me disait que les communistes étaient du côté des ouvriers qui, par définition, sont faibles et pauvres parce qu'ils sont maltraités par les patrons. En plus les communistes « dogmatisent » qu'il faut tout partager pour pouvoir donner « à chacun selon ses besoins ». « Par ailleurs, ajoutait-il, ils sont antireligion et veulent bouffer les curés, même s'ils sont pauvres. » Pour se résumer il disait : « Les communistes sont des cons. »

Mon père, qui était très intelligent aussi, mais sceptique, avait aussi de la bonté, mais par pudeur sans doute il ne l'avait manifestée à personne, même pas à nous.

Esprit simplificateur s'il en est, je me forgeais le viatique ci-après :

1. Les gens intelligents sont forcément bons, et réciproquement.

2. Les catholiques et les communistes sont maigres car ils partagent leur gamelle avec les autres.

3. Même un communiste qui ferait exception à « la règle des cons » peut être bon. Il faut donc être vigilant.

Je vécus un bon moment avec ces certitudes confortables, bien qu'ici et là j'observais des trucs qui m'interpellaient, comme on dit dans les émissions politiques.

Ainsi par exemple le curé était au mieux avec le directeur de la mine, qui pourtant était fort et riche, de plus il assurait le chauffage du presbytère. Le directeur et sa femme venaient à la messe en traction avant Citroën 15 CV (la plus grosse), conduite par leur chauffeur portugais. La foule des fidèles sur le parvis s'ouvrait pour leur laisser le passage, et ils allaient s'installer tout devant le chœur, où leurs siège et prie-Dieu, « coussinés », étaient réservés. Quand le directeur est mort, c'est le Monseigneur Evêque « Lui-Même » (ma mère) qui est venu avec trois assesseurs célébrer la messe de funérailles ; il ne se déplaçait jamais pour enterrer un paysan qui pesait moins de cent hectares, je trouvais ça bizarre. Un doute s'immisça.

Autre chose, les mineurs fêtaient la Sainte-Barbe grand train pendant deux jours. Le premier jour tout le monde était ivre mort, le deuxième jour c'était la grand-messe spéciale. Les mineurs montaient de la cité au bourg, trois kilomètres, en procession et en chantant l'« Ave Maria », dont ils connaissaient l'air seulement. Bleu de travail nickel repassé, casqués, il n'aurait pas fallu qu'un trublion entonne l'« Internationale », il aurait été repris vertement. Le cortège était conduit par Pierre, délégué CGT et communiste militant, un solide, il portait la grande bannière en velours cramoisi brodée d'ors représentant la Barbe sur son bûcher.

La procession pénétrait jusqu'au cœur de l'église, le gars Pierre et sa bannière recevaient alors une bénédiction goupillonnée généreuse. Pierre pliait un genou et se signait. Mon père disait :

L'éducation politique

« C'est un monde, le curé et le communiste sont comme cul et chemise ! », car il assistait aussi à la messe ce jour-là, vu que le Directeur était présent.

Mon père et moi, surtout moi, on était très copain avec Pierre, qui était communiste comme son père, ce qui est la moindre des choses quand on a l'esprit de famille. « Pourquoi qu't'es communiste ? » « Y'a pas de pourquoi. » Bon.

Tout ça ne nous empêchait pas de dénigrer les curés. Soucieux de mon éveil au monde, Pierre m'expliquait : « Il faut bien que tu comprennes mon gars que les curés sont des intermédiaires, et comme tous les intermédiaires ils prennent leur bakchich au passage, si on les supprimait, ça économiserait. » « Alors pourquoi qu'tu vas à la messe ? » « Y'a pas de pourquoi, j'peux même communier si j'veux, ça mange pas de pain. » Bon.

Mon père en rajoutait : « Si tu supprimes les curés, au bout d'un moment y'aura plus de chrétiens, et comment tu fêteras la Sainte-Barbe ? A la rigueur on pourrait supprimer les curés maigres, c'est les plus mauvais, t'as qu'à voir Pie XII. Par contre Jean XXIII, ça c'est un chic type, c'est pas par hasard s'il est gras comme une loche. »

Je « confusais » dur. Quand ça confuse faut simplifier, aussi je décidai une fois pour toute de devenir directeur de mine pour la grosse voiture.

Surtout pas un communiste qui marche en procession, ni un trotskiste qui distribue le courrier à vélo.

J'ai été long à comprendre que bonté et intelligence ça ne pas va obligatoirement ensemble.

Beaucoup ne l'on pas encore admis, c'est pourquoi ils ne lisent ni Céline, ni Rebatet à cause de Hitler, ni Aragon à cause de Staline.

D'aucuns, nombreux, ne lisent rien. Peinards.

La Rosalie

Quinze ans et des poussières. Mon père achète pour une fortune un tas de ferrailles noirâtres qu'il fait « benner » dans la remise de mon grand-père.

Une occasion d'occasion, notre première voiture, Citroën 7 CV à moteur flottant, modèle « Rosalie », bien déglinguée pour avoir passé toute la guerre sous un tas de fagots et retrouvée cinq à six ans plus tard par les héritiers de son propriétaire qui, prisonnier, s'était remarié avec une grosse blonde de Rhénanie.

Pendant un an on n'a quasi pas vu mon père. Huit heures à la mine, sans compter les heures supplémentaires et les potagers, des heures et des heures dans la grange avec la Rosalie, dimanche inclus. Il avait une envie furieuse d'en finir. Plus que jamais il n'était pas à prendre avec des pincettes. Il y avait davantage d'emplâtres de mastic pour camoufler les trous et les bosses que de ferraille, mais il en vint effectivement à bout !

Un jour nous fûmes convoqués à la grange, Rosalie toute noire repeinte à neuf, comme vernie, pimpante, coussins tissu dans les beiges un peu mités, confortables d'apparence, pneus assez inquiétants avec de grosses rustines.

Manivelle, reu, reu, reu, merde ! et il se tient le poignet, c'était un premier retour de manivelle. Reu, reu, reu, reu, paf, ça cale. Reu, reu, reeeu, reeeeeu, paf, paf, paf, brrroum, brroum, broum, etc. C'est parti mon kiki, ça fume dur. Nous sommes invités à monter dans la voiture, père au volant, ma mère à côté, mes deux soeurs et moi à l'arrière. Démonstrations diverses, accélérations, frein, débrayage, changement de vitesse. Grand voyage immobile dans la grange, on n'arrivait plus à l'arrêter et on ne pouvait plus respirer, ma mère surtout, qui avait les poumons fragiles. Et que je te tousse et que je te crache, et que je te tousse, rien, il continuait son voyage. J'ai gueulé : « On va crever là-dedans, faut ouvrir. » Il coupe le moteur et il dit : « Merde, vous êtes jamais contents. » L'aventure Rosalie commençait.

    Mon père prétendait savoir conduire. Il avait son permis, c'est sûr, c'était pas le genre à conduire sans assurance et sans permis puisque c'est défendu. Mais il avait dû le passer tard, car il manquait bougrement de souplesse dans les enchaînements. Il débrayait, essayait de passer la vitesse, grincement sinistre de la boîte, pas assez débrayé car jambe trop courte et siège pas réglable. Pâle comme un mort, phalanges blanchies par l'effort sur le volant en bakélite, il n'osait pas réembrayer, la bagnole s'emballait en descendant la côte, alors il gueulait : « Tire le frein à main nom de Dieu ! » On venait d'éviter le pire. Le frein à main n'a plus jamais marché après.

    Un soir après avoir mangé sa soupe (pain grillé trempé dans l'eau bouillante avec poireaux, patates, et gros morceau de beurre rance), il dit à ma mère, pour faire moderne : « Demain je te donne ta première leçon de conduite, et toi (moi), tu viens avec nous derrière et tu t'instruis. » Ma mère : « V'là aut'chose, j'en ai pas ben envie, et c'est pas la peine de mettre le gamin en danger. » Mon père : « C'est indispensable pour ton commerce » (chapeaux, soutiens-gorge, pelotes de laine, casquettes en tous genres). Personne n'a compris en quoi c'était indispensable au commerce ni osé demander, vu qu'à cette époque les pères pensaient plus profond et plus loin que les mères.

Le lendemain. Ma mère met sa robe du dimanche et me prie de changer de slip, pour les gens, en cas d'accident. Mon père prend la voiture pour sortir du village, car « c'est pas la peine de défoncer une vitrine » ; il savait mettre les gens en confiance... S'arrête, ma mère prend le volant, j'avais l'intuition que nous allions vivre un grand moment. « Mets la première... j'te dis la première... pas la troisième » (on n'avait que trois vitesses car les pignons de la quatrième n'avaient pas été retrouvés dans la grange). « Où qu'elle est la première, t'as qu'à dire où qu'elle est. » « Bon t'occupe pas des vitesses, tu débrayes quand j't'le dis et moi je change les vitesses. » Mon père prend le levier de vitesse, une tige d'un mètre qui partait du plancher avec une boule en bois au bout pour la main, et roule carrosse.

« Accélère un peu, mais roule donc à droite enfin, pourquoi qu't'es au milieu de la route ? Débraye, j'rétrograde en deuxième, mais débraye donc, bon Dieu, tu vas me bousiller la boîte. » Ma mère arrête la voiture dans la brèche d'un champ, descend, vient s'asseoir à l'arrière à côté de moi. Elle dit : « Garde ta bagnole, j'en veux pas, elle est pourrie, j'veux pas conduire. »

Mon père en est comme deux ronds de frites, baba de tant de mépris pour l'objet de sa vie. Il dit : « On va voir ce qu'on va voir. » Là je m'attendais à de la violence, mais non, imprévisible, il descend de la voiture, claque sa portière méchamment quand même, et il monte à l'arrière poussant du cul ma mère pour faire sa place, referme sa portière. Nous voilà donc tous les trois à l'arrière de la Rosalie garée à l'entrée d'un champ, unis comme une famille unie. Mon père : « J'bougerai pas de là. » Ma mère : « Moi non plus, j'y touche plus. »

Un paysan qui nous connaît passe avec son percheron et son « bagneau » (tombereau), il regarde de près dans la voiture, opine et soulève un brin sa casquette pour dire bonjour, poursuit son chemin, se retourne perplexe et disparaît.

Deux heures après le revoilà. Nous on est toujours à l'arrière, personne devant. Il s'arrête. « C'est'y qu'ya un problème, j'veux ben vous tirer d'là avec mon bagneau. » Ma mère soucieuse du ridicule et du qu'en-dira-t-on : « Vous êtes ben aimable monsieur Chassepot, mais non merci, c'est juste qu'on voulait essayer le confort à l'arrière, d'ailleurs ça suffit, on va repartir. »

Ma mère se remet au volant, mon père à sa manivelle, reu, reu, broum, broum, etc. C'est reparti. Même schéma avec partage du travail (loi Aubry), l'une à la pédale de débrayage, l'autre au levier de vitesse. Ça zigzague pas mal, on est en troisième à 65 km/heure, mon père et moi on est détendus comme des gens en avion dans de méchantes turbulences. Ma mère : « Où qu'on va papa ? » (ma mère appelait mon père « papa » pendant les accalmies). Tout miel, aimable : « On va à Briouze. Tu feras bien attention maman (mon père appelait ma mère "maman" quand il était maté), en arrivant au carrefour du centre, y'a un stop, faut t'arrêter. » « Tu le vois le stop là-haut en haut de la côte ? » « J'le vois, la côte est bien raide, si j'm'arrête, j'r'pars pas, tu m'as pas montré le démarrage en côte et l'frein à main marche pas. »

Beaucoup moins miel : « Tu veux nous tuer ? J'te dis qu'il faut que t'arrêtes, alors tu t'arrêtes merde ! » Ma mère têtue comme pas une : « J'arrête pas. » Leitmotiv : « Nom de Dieu de nom de Dieu, vas-tu t'arrêter bon Dieu ? » Je t'en fous, s'arrête pas, franchit le stop à 60 à l'heure, surprise par le virage à angle droit, va direct, frôle un landau habité, cogne dur dans le trottoir d'en face, le franchit et entre dans le porche de l'église qui se trouvait là par hasard, la bagnole s'arrête par miracle, nez sur le bénitier.

La Rosalie

Mon père est statufié bien qu'il ne fût pas un saint. Ma mère, qui descend et remonte à l'arrière, calme, dit avec une certaine distance : « Reprends ta voiture, t'as rien à dire, elle est quasi intacte à part les deux pneus éclatés à l'avant, tu ne sais pas apprendre à conduire aux gens. »

Considérant que ce genre de ridicule au vu et au su de tous était incompatible avec son standing, ma mère n'a plus jamais reconduit.

C'est à cette époque que j'ai été expulsé du collège pour ivrognerie (voir plus loin le chapitre « Le collège ») pendant le spectacle de Noël. Il faut donc me « réinsérer », comme on dit maintenant, dans une école qui accepterait, en cours d'année scolaire, de redresser les torts d'un cancre avéré et extrêmement précoce dans les débordements juvéniles. Grâce à ma tante institutrice, gauchiste et syndicaliste puissante, l'école se trouve. Le directeur veut bien me prendre, par protection, avec trois autres garnements, comme pensionnaire dans ses appartements privés ; mais vu mes états de service, il ne promet rien à mes parents car « avec ce loustic on part vraiment de trop bas ».

Mais là n'est pas le sujet, le sujet c'est que dans ce pensionnat très privé, il faut apporter toute sa literie. On revient donc à nos moutons : la Rosalie va être mise à contribution... Mon père déclare :

« Seul lit possible avec la Rosalie c'est le lit-cage qui est à la cave, tu vas le nettoyer comme il faut (à ma mère), moi je vais fabriquer une galerie. » Pour mémoire, un lit-cage est un lit d'une place, en rond à béton de 5, qui se plie en trois par rabattement des extrémités. Le lit est équipé avec son matelas, ses draps, son traversin, et trois couvertures vu qu'on était en hiver et que le pensionnat n'était pas chauffé, puis replié, non sans « kussements »*.

Rosalie est avancée avec sa galerie équipée et, toute la famille aidant, le lit est hissé tout là-haut. Nombreux cordages, la stabilité est testée à l'arrêt, car « on n'est pas des têtes brûlées ».

Père au volant, mère à côté, mes soeurs et moi à l'arrière, nous voilà partis, lentement dans les virages à cause du déport, mais assez vite quand même car « faut y'être avant 6 heures » et le directeur c'est pas un marrant : « Imaginez qu'il nous refuse notre phénomène, qu'est-ce qu'on en f''rait ce coup-là ? »

La nuit tombe tôt, c'est l'hiver, je l'ai dit déjà deux fois plus haut, faut suivre, mon père ne voit pas le nid de poule meurtrier, il est dedans, r'lac ! « Merde on a crevé ! » Ha ! qu'il est furieux et bien énervé le papa ! Il manœuvre sa portière, résiste, pousse avec l'épaule, prend un peu d'élan, rien, s'ouvre pas. « Merde de merde de merde. » A ma mère : « Ouvre donc toi ! » Elle s'échine, rien, s'ouvre pas non plus à droite. « Merde de merde de merde, les gamins derrière, ouvrez nom de Dieu. » On essaie à coups d'épaule, à chaque coup on « kusse » pour bien montrer l'effort, bernique, que dalle. En résumé les quatre portières sont bloquées. La nuit est tombée, un silence de mort, on est comme dans un cercueil.

Il me dit : « Sors par la fenêtre et ouvre de dehors. » J'obtempère, essaie les quatre portières, zobi** ! A ma mère : « Prends la lampe électrique, où qu'tas mis la lampe ? » « J'ai pas de lampe moi, quelle lampe ? » Pendant ce temps-là j'ai exploré les roues dans le noir, et je peux clamer fièrement, car pour une fois utile à quelque chose : « On n'est pas crevé ! » On retrouve la lampe, j'examine la charge, rien à première vue. « Ah, mais si, mais si, dis-je sur un ton futé, c'est la galerie, elle est descendue et c'est ses quatre pattes qui bloquent les portières ! » J'entends ma mère sangloter tout doucement.

Le père pense très profond, se mouche bruyamment avec la serviette de table qu'il a mise dans sa poche à midi, distrait qu'il était dans ses pensées après le camembert. La décision tombe : « Y'a pas le choix, on va ficeler le lit et la galerie en bloc avec le toit de la voiture. Ouvrez les fenêtres, on va passer les tours de corde à travers. Z'aurez pas chaud. »

Sitôt dit sitôt fait, dynamique hein, il s'extrait, prend la corde dans le coffre et embobine tout le bazar, la manivelle, broum, broum, se ré-immisce ; on va redémarrer, il gèle à pierre fendre. Taquin je dis : « Fais gaffe aux nids de poule, encore un et on perd tout, le lit et le toit de la bagnole, on s'ra dans un cabriolet ! » Vif comme l'éclair qu'il est, je prends une baffe, pas vu venir.

On roule lentement, la batterie baisse et les phares avec, tension paroxystique, ma mère marmonne : « Dieu c'est'y possible, Dieu c'est'y possible ? », ce qui donne une ambiance dramatiquement fervente. Pas intérêt à la ramener.

On finit par arriver, on ne voit plus rien, pas de lumière à l'école, il est 11 heures du soir. Mon père s'extrait, sonne, re-sonne, une fenêtre s'allume là-haut, la porte du bas s'ouvre, c'est le directeur. Grand type avec des grandes dents en avant, il est en pyjama à grosses rayures verticales, port altier.

J'ai immédiatement eu le pressentiment que ce type allait me mater. Ça s'est vérifié, de rebelle, il a fait de moi un rebelle pacifié.

La Rosalie a été vaillante jusqu'au bout mais elle a beaucoup crevé. Ça s'est arrangé quand les pneus replâtrés ont été remplacés par des pneus d'occasion entièrement rechapés comme neufs. L'histoire des portières bloquées, c'est pas de sa faute, c'est parce que la galerie était foireuse, on peut le dire maintenant que mon père est mort.

Après on a eu une 203 Peugeot de deuxième main (seulement) livrée entière, noire également parce que ma mère trouvait ça plus chic. Certes d'un standing au-dessus de la Rosalie. Mais c'était pas ça.

** **Kussement, kusser, je kusse, nous kussons,** etc. : à la fois nom commun, verbe et en même temps onomatopée, utilisés dans le bocage bas-normand. Mot qui vient de la gorge pour exprimer que quand on pousse avec effort, ou ça bouge pas ou ça vient pas. Par exemple, le constipé bas-normand en use fréquemment.*

*** **Zobi** : mot acquis beaucoup plus tard au cours de mes pérégrinations dans les pays arabes. Sens multiples selon les finesses du contexte. Veut dire : rien, pas possible, va te faire foutre, je t'ai eu, etc. Le superlatif de zobi est « macache zobi ».*

Le collège

Dix ans et demi, ou onze ans et demi, ces âges-là aussi sont discutés. Ma mère soutient 10,5, le reste de la famille affirme 11,5. A quatre-vingt-dix ans, ma mère soutenait toujours que c'est à dix ans et demi que je suis entré au collège en sixième où on ne pouvait accéder alors qu'après sélection. Compte tenu du retard considérable que j'ai pris par la suite, ce débat n'a aucun intérêt.

Le collège est à 12 kilomètres, à une distance pareille on comprend bien que je ne pouvais être que pensionnaire car à part y aller à pied ou à vélo, on ne pouvait y accéder qu'en autocar (à ce moment la Rosalie n'était pas encore née, voir le chapitre « La Rosalie »). Un mois plus tôt ma mère avait reçu le détail du trousseau : trois chemises, deux pull-overs, un short et des espadrilles semelles de corde pour la gymnastique, deux blouses grises, quatre paires de chaussettes, deux paires de chaussures dont une aux pieds, deux culottes courtes (pantalons longs tolérés), quatre slips et une boîte à provisions alimentaires avec cadenas sur laquelle « J. Fermin » doit être peint au pochoir. Mon père a fabriqué la boîte en bois (50 x 30 x 15) et ma mère a religieusement cousu sur tous les vêtements mes initiales en rouge sur fond blanc et mon numéro d'identification, le 44.

Huit jours avant la rentrée (« pour que tu partes d'un bon pied dans les hautes études à la ville »), ma mère m'avait fait opérer (« pour que tu ne souffres pas dans ta vie d'homme comme Louis XVI »). Cette comparaison royale m'avait regonflé. Mais l'opérateur n'avait sans doute pas bien essuyé son couteau sur son pantalon comme le faisait mon grand-père, si bien que j'avais le zizi en chou-fleur. Ça faisait très mal pour pisser, des fois le pansement tombait par terre, je le remettais en place et le chou-fleur s'épanouissait de plus en plus. C'est sûr, tout le collège allait se foutre de moi. La honte. Comme vous pouvez le constater, ce ne sont pas les études qui me préoccupaient, et ça va durer.

Le jour J est un dimanche ensoleillé comme sait le faire parfois le début de l'automne. J'ai mon costume du dimanche, petite veste bien cintrée et pantalon de golf en pied-de-poule sur chaussettes beiges. Tout ça était bien assorti, faut en convenir, mais ce qui jurait dur c'était les brodequins rouges à semelles en bois ; dans cet équipage, j'avais le sentiment d'avoir l'air d'un clown.

Seize heures, l'oncle Jules arrive avec son Unic, on charge la valise du blanc (draps, serviettes de toilette), la valise des vêtements, affaires de toilettes et Croix-Rouge (gaze, mercure au chrome, pommade, Albuplast) pour mon petit bazar honteux, puis ma mère et moi. Avant d'aller plus loin je dois vous dire que mon pantalon de golf m'a emmerdé pendant des années, ce putain d'élastique ça ne tient pas, faut remonter sans arrêt, si vous ne remontez pas c'est tout à fait ridicule avec cette large bande de tissu sous le genou qui pendouille et qui n'est ni de la couleur des chaussettes ni de celle du pantalon. Il m'a fallu quatre ans pour en venir à bout, après deux fonds de culotte remplacés dans les tons assez proches du pied-de-poule et maintes reprises au genou faites sur l'envers par discrétion, et puis au bout de toutes ces années l'élastique m'arrivant au-dessus du genou, le pantalon fut transformé en culotte courte, façon chic comme dans l'Ouest de Paris.

Nous arrivons, le bâtiment m'en impose avec ses arcades, beaucoup de monde avec des valises, il y a même de grands imbéciles avec leur mère. Le concierge nous indique le chemin, c'est en haut de l'escalier monumental. Je remarque tout de suite que des pitons en bois ont été fixés sur le dessus de la rampe, sans doute pour que l'on ne puisse pas la descendre à califourchon, ça me fait mauvaise impression.

En haut de l'escalier une porte, devant la porte un type qui demande à ma mère : « Quel numéro ? »

Le collège

ma mère : « Numéro 44 », « Douzième lit à droite, faites le lit, rangez les affaires dans sa table de nuit et mettez la boîte à provisions dans l'étagère du fond, ensuite vous conduirez votre fils dans la cour de récréation ».

Le dortoir est une enfilade sans fin, genre Hospices de Beaune, mais sans rideaux entre les lits. Le numéro 44 se trouve à peu près à la moitié côté droit. Les grands qui vont passer le bachot sont au fond, le pion dort dans une cage voilée à droite de l'entrée. Les chiottes sont à l'extérieur sur le palier, ou plutôt disons la chiotte, ce singulier est dramatique pour une centaine de garnements. Et moi, et moi, et moi, je devais faire la queue pour changer mon petit pansement misérable ; beaucoup dévalaient le grand escalier pour aller pisser (voire plus), en bas, dans la cour d'honneur.

Vous ne me demandez pas ce qu'il y avait dans la boîte à provisions ? Souvenez-vous tout de même que nous sommes en 1948-49, la France commençait seulement à se réorganiser pour pouvoir bouffer à sa faim. A l'Education nationale, bien entendu c'était pire qu'ailleurs. Le matin, café clairet avec une tartine de confiture qu'on se demandait comment on peut faire de la confiture aussi dégueulasse ; le midi et le soir c'était lentilles mi-cailloux, choux-fleurs venus à pied du fond de la Bretagne, ragoût de mouton cacochyme puant ; le vendredi c'était merlan ammoniaqué. Un régime famélique, c'est pourquoi le collège exigeait que les parents fournissent le complément vital, d'où la boîte à provisions.

Dans la mienne ma mère me mettait deux paquets de figues sèches et deux paquets de dattes « qui sont pleines de vitamines », et parfois, dans les jours d'opulence, deux barres de chocolat. De toute façon ce n'était pas utile, car à part le chocolat, immédiatement consommé, je laissais pourrir le reste que je n'aimais pas. Mais ma mère s'entêtait, et tous les dimanches (quand je n'étais pas collé) elle me refourguait des paquets de figues et de dattes. La boîte se remplissait d'asticots et de mouches ; il ne m'est jamais venu à l'idée de mettre tout ça à la poubelle, par culpabilité, vu que mes parents « se saignaient aux quatre veines » pour « m'entretenir » au collège.

Les semaines et les mois s'enfilent. Je deviens progressivement pensionnaire à temps plein, collé un dimanche sur deux, puis deux sur trois, jusqu'à un trimestre complet. Le pensionnat et l'instruction ne me convenaient pas, il faut en convenir.

Je détestais le latin parce que le prof était très laid et puait le tabac à cinq mètres, je ne comprenais rien aux mathématiques ni à l'anglais, ni au solfège. Le prof d'anglais était très chic, de sa trogne, je ne me souviens que de la couleur, brique, j'ai par contre une image extrêmement précise de ses godasses noires vernies, très fines. Il nous faisait apprendre par cœur les poèmes de Byron : « My heart is in the Highlands... », c'est tout ce qui me reste de l'anglais de cette époque. On aurait pu passer dix ans avec ce prof, on n'aurait pas été capable de dire en anglais « j'ai envie de pisser ». Je ne m'intéressais qu'aux sciences naturelles : la prof était belle comme une pêche mure.

Ainsi je considérais que m'avoir foutu en prison dans ce collège était une offense personnelle qu'on me faisait et que manifestement « on » voulait ma destruction. « Ils » vont voir ce qu'ils vont voir ! « Ils » ont vu. Comment des gens aussi instruits ont-ils pu sous-estimer à ce point ma capacité à leur nuire ?

Naturellement doué pour organiser la résistance et fédérer à ma suite tous les agités du bocal dans mon genre, mon imagination destructrice était sans limite. Tout le monde oublie qu'un enfant de 12 ou 13 ans bien motivé peut être redoutable. Il n'y a guère que les Africains qui le savent, eux ils leur donnent carrément des fusils pour faire la guerre ; voilà des gens qui ne sous-estiment pas leurs enfants.

Entre autres choses j'étais devenu le faussaire numéro 1 pour tout ce qui est maquillage des carnets de notes. Dans mes errances du dimanche dans le collège silencieux (j'étais la plupart du temps le seul collé), j'avais pu me procurer tous les tampons nécessaires et tout un lot de carnets vierges et j'étais capable d'imiter parfaitement l'écriture et la signature aussi bien des profs que du surveillant général et du directeur. J'en faisais un commerce lucratif : une simple retouche, c'était cinq cigarettes « Elégantes » ; un coup de tampon « Tableau d'honneur accordé », c'était un paquet de dix « Lucky Strike » ; une page entière du carnet reconstituée, c'était se dénoncer à ma place pour ma prochaine connerie. Ce dernier commerce n'était pas d'une grande moralité, mais quand on a le monde entier contre soi il faut survivre.

Sur le coup de mes 13 ans j'avais remis au goût du jour le jeu de la bougie bien connu depuis l'Antiquité, surtout chez les Grecs. Je vous en rappelle la règle : les deux joueurs nus et à quatre pattes ont chacun une bougie dans le derrière dont l'une est allumée. Les joueurs étant fesse à fesse, la bougie éteinte doit être allumée à l'autre, bien entendu l'utilisation d'un rétroviseur est interdite. Plus les bougies sont petites et courtes, plus c'est dur. Grâce à ce jeu nous vécûmes des nuits très joyeuses (pour l'efficacité il est nécessaire d'opérer dans la nuit noire). Une fois la rigolade a réveillé le pion : « Qui c'est l'inventeur ? », les autres : « C'est Fermin m'sieur », lui : « Trois dimanches de colle. »

Je vous fait grâce du reste, tout de même une dernière, en fait, l'ultime. Mon copain Auguste, cancre inné, fils aisé de l'entrepreneur des pompes funèbres, me dit : « J'ai piqué la clé de la cave à

Le collège

vin de mon père, t'en veux ? », moi : « Evidemment, t'apporte une bouteille à la fois, on les planquera sous l'estrade du prof d'anglais, ce sera pour la fête de Noël. »

La fête est là, la salle est dans le noir, on se met à quatre pattes entre les travées pour boire un coup au goulot, sur scène la chorale des élèves de terminale, puis un sketch de clowns avec les élèves de troisième, puis rien. Le surgé monte sur scène : « Où sont les acteurs du sketch suivant, le marchand de tapis ? » Moi à Auguste : « Merde c'est nous » (c'est moi qui faisait l'arabe et mon texte très littéraire était : « T'y veux di tapis mon zami ? »)

« Nous v'l'à m'sieur », et on se propulse, enfin on se traîne, et on termine à plat ventre sur la scène. Silence dubitatif de la salle. Le surgé : « Debout ! » Pas possible, le surgé était en trois exemplaires qui se dandinaient, la scène basculait, basculait, basculait. Le surgé, estomaqué : « Ils ont bu, ils ont bu, mais c'est qu'ils sont saouls ces cochons, qui vous a fait boire, qu'est-ce que vous avez bu ? » Auguste : « C'est Fer, c'est Ferm, c'est Fermin ! »

Expulsé du collège séance tenante (voir le chapitre « La Rosalie »).

J'aurais pas dû m'appeler Fermin, ma misère venait de là.

Le redresseur

Suite à mon expulsion du collège pour ivrognerie, si avez lu « La Rosalie » jusqu'au bout, vous savez que je suis arrivé un dimanche soir chez le Directeur d'école « redresseur de cancres ».

Nous sommes à la rentrée des vacances de Noël, j'ai 15 ans, j'ai été méchamment collé au B.E.P.C. tant en juin qu'au rattrapage de septembre, avec 5 sur 20 de moyenne. Comme dit l'autre, on part de loin.

Le Redresseur est grand immense y compris ses dents, port altier, tête rejetée en arrière, cheveux frisés à la Saint-Ex. Je ne l'ai jamais vu habillé autrement qu'avec une grande blouse grise.

Sa femme est une petite noiraude au teint très mat avec les dents du bonheur. Mais un grand bonheur : on aurait pu mettre une dent de plus entre chacune des siennes et malheureusement elle avait toujours la bouche ouverte. Quand son mari la toisait, de là-haut, elle prenait l'air d'un crapaud qui voit arriver l'ombre d'une botte.

Le redresseur

Nous sommes dans un « Cours complémentaire » dont la seule mission-objectif est le B.E.P.C. Le Redresseur-Directeur y obtient 99 % de réussite, coûte que coûte, c'est un fameux dans tout le département. On ne sait pas qui est le 1 % qui manque, car de mémoire personne n'a jamais été collé. Mon père : « Si t'es recalé ici, c'est que t'es un archi-bon-à-rien. »

Le « Cours complémentaire » est une grande bâtisse grise (granit) et sévère comme la blouse et le caractère du Directeur.

Au rez-de-chaussée, les deux classes. Au premier, l'appartement du directeur et, de part et d'autre, une chambre pour les filles et une chambre pour les garçons pensionnaires, donc impossible d'aller « fourrager » chez les filles.

Au second, les appartements du professeur adjoint.

A l'entresol, la cantine, longue table de bois, gros fourneau noir, odeur tenace de chou-fleur. Le Directeur et sa femme prennent leurs repas avec nous, c'est elle qui cuisine et les élèves qui épluchent les patates.

Au sous-sol, la cave et les vélos des pensionnaires.

Devant la bâtisse, la longue cour goudronnée, avec un préau, une corde lisse, quatre chiottes à la turque ouvertes à tous les vents, un pompe à eau en fonte à manivelle.

Le Directeur enseigne : les maths, la physique, la chimie avec expériences, les sciences naturelles, l'arithmétique, le calcul mental, l'algèbre, l'orthographe, l'histoire, la géo, le solfège, le pipeau, la course à pied et l'instruction civique. Il est physiquement avec nous, sans discontinuer, de 6 h 30 du matin à 8 h 30 du soir, tous les jours sauf le dimanche.

Le sous-directeur se contente du français. Un falot qui portait des chaussures en daim, ce qui était très prétentieux à l'époque. Ce médiocre a brillamment réussi par la suite grâce à son entregent et aux syndicats d'enseignants.

Quelques années après mon passage et sans doute du fait de son caractère indépendant, de son efficacité et de sa notoriété, le Directeur a été muté et rétrogradé simple instituteur.

Je n'ai gardé aucun souvenir des filles. Qui étaient-elles ? Jouaient-elles dans la même cour que les garçons ? Rien, comme effacées. Sauf Edith bien sûr, jolie petite brune, externe qui arrivait le matin avec son beau vélo rouge. Je guettais son arrivée et elle me souriait, ce qui est tout à fait extravagant du fait de ma figure boutonneuse grave.

A ce propos, une digression : je me soignais l'acné facial au mercurochrome, et pour les boutons les plus tenaces je m'appliquais directement le goulot de la bouteille sur le front, maintenu fortement plusieurs minutes. Pas à dire c'est efficace (c'est mon côté radical), ça brûle tout, y compris la peau, si bien que j'avais ici ou là, sur la figure, et pendant des semaines, des ronds grands comme une pièce de cinq francs, rouges, puis marron, puis croûtés pendant la cicatrisation.

De nombreuses années plus tard, je suis allé voir ce qu'Edith était devenue. Je la trouvai derrière son comptoir de boulangère-pâtissière. Enfarinée et ronde comme une tourte, probable qu'elle mangeait son fonds. Me suis sauvé.

Nous sommes cinq garçons pensionnaires, autant de cas désespérés.

Le Rouquin, conforme à la légende : malodorant.

Le Géant, fils d'un gros marchand de vaches, dont le cerveau a pris du retard sur sa stature osseuse. Notre antipathie réciproque a été instantanée ; dans un combat singulier à poings nus, il m'a transformé la tête en cucurbitacée. Ses lunettes tombées, je me suis acharné à les mettre en miettes. Fin du combat, il m'avait perdu de vue. Deux fois plus grand et lourd que moi, dans sa « déchaînance », il m'aurait peut-être tué mais ses verres étaient son talon d'Achille.

Le Fouineur kleptomane, qui, pendant nos deux ans de fréquentation, a dévalisé le bazar tenu par une pauvre vieille myope et méchamment sclérosée. Tout ce qui entrait dans les poches de la blouse de ce voyou y est passé : hameçons, plombs, fil de pêche, bouchons multicolores, billes en verre et en terre, gommes, crayons, bics baveux de l'époque, bonbons de tout poil, réglisse en barre, en rouleaux, yoyos, balles en mousse, élastiques pour jokari, plumes Sergent Major, bouteilles d'encre Waterman, porte-plumes, chewing-gums, etc. Quand ses poches étaient pleines, il achetait un bonbon, le moins cher. Il avait le vol dans la peau, pourtant son père était un notaire prospère.

Le Fils de Mineur espagnol immigré, doux et beau comme un dieu, peau mate, cheveux drus, très noirs, coupés en brosse, silhouette élancée, dents éclatantes. Un extra-terrestre dans ce coin « brouillardeux » de Basse-Normandie. Tout de suite grands copains. Les deux énormes baffes qu'il a prises en tentant de me défendre pendant que le Géant m'assommait a rendu notre amitié indéfectible. Il s'appelait José. Il est devenu coureur cycliste professionnel d'excellent niveau, puis ses magasins de cycles ont fait faillite, enfin il disparut mystérieusement en Afrique.

Le Rouquin est devenu PDG d'une grosse boîte, possible que son odeur ait fait le vide autour de lui. Je ne sais rien du devenir des deux autres.

Je suis donc le cinquième larron. Etique et boutonneux à la vitalité insatiable, je suis le roi du jeu de « la balle au chasseur » dans la cour de récréation, un acrobate envié à la corde lisse et parfaitement nul en classe. Sauf en français ; à l'époque j'avais lu tout Jules Vernes et « Cros Blanc », « Olivier Twist », « David Copperfield », « Les Frères Kamarasoff », « Voyage au bout de la nuit », « Le Roi Pausole », « Justine ou les malheurs de la chasteté » ; ces deux derniers ouvrages se sont révélés néfastes pour mon acné.

J'avais donc un semestre pour me mettre au niveau. Ce fut trop court car j'avais encore dans la tête beaucoup de comptes à régler et de bêtises à faire, et j'en fis.

Mon coup le plus fumant fut mon « évaporation » pendant la sortie du jeudi après-midi dans la forêt sous le contrôle de la femme du Directeur. Au milieu d'une clairière, un arbre au tronc lisse et ébranché sur au moins dix mètres de hauteur. Suis-je capable de grimper là-haut ? Sitôt pensé, sitôt fait, et je m'installe confortablement dans le feuillage du sommet.

Au bout d'une heure ou deux : « Les enfants c'est l'heure de rentrer, regroupez-vous dans la petite clairière. » Ils sont tous au pied de « mon » arbre. « Un, deux, trois, quatre, cinq, six, sept... Il en en manque un, qui c'est ?

— C'est Jacques, madame.

— Mon dieu où il est passé ? Qu'est-ce qu'il a encore inventé ? Jacques... Jacques... Jacques... Dispersez-vous et cherchez. »

Et toute la forêt raisonne de mon nom. Jouissif. La nuit tombe, des renforts adultes équipés de lampes électriques sont arrivés. Et ça recommence : « Jacques, Jacques, Jacques... »

Il fait nuit noire maintenant. De temps en temps les lampes, comme des lucioles, se rassemblent au pied de mon arbre. « Mais où il est ce petit con ?

— T'as regardé dans la rivière ?

— Merde, merde de merde.

— Il est peut-être retourné à l'école et il se cache dans la cave ? »

Le directeur : « Vous, allez voir là-bas, prévenez la gendarmerie et téléphonez à ses parents.

Je commence à supputer que ça va mal finir cette histoire, ce coup-là, mon père y va me tuer :

— Je suis là !

— C'est toi Jacques ? Où es-tu ?

— Ben là quoi !

Incroyable, ils cherchent sous les feuilles, dans les touffes d'herbe.

— Je suis là-haut dans l'arbre.

Estomaqués ! Silence total, tous les faisceaux de lampe me fouillent, indiscrets.

— Mais c'est vrai qu'il est là-haut ce sacripant ! »

Arrivé en bas, pas un mot. La petite troupe est rentrée en silence, l'escorte s'est dispersée en ville.

Les copains de chambrée ne m'ont pas adressé la parole non plus. Vexé comme un pou, je venais de faire connaissance avec l'opprobre.

Le lendemain, comme tous les jours, lever en fanfare pour les garçons à 6 h 30. A pleine poitrine le Directeur chante « Les Gars de Senneville ». Dans l'instant et par tous les temps, nous sommes dehors, torse nu, en short, nous reprenons en chœur et au galop : « Ce sont les Gars de Senneville..., la la la la lalaaa... ». Il nous fait courir ainsi 5 kilomètres tous les matins et dans la nuit, qu'il gèle ou qu'il pleuve à verse. De retour il faut grimper quatre fois à la corde sous le préau, ensuite grand lavage à la pompe de la cour, l'un qui tourne la manivelle, les autres qui s'aspergent copieusement. Un autre truc du Directeur : promenade dans la campagne sous la pluie face tournée vers le ciel « parce que c'est bon pour le teint et notamment pour l'acné », et en deux temps trois mouvements, l'eau vous dégouline jusqu'au slip.

Ainsi le Redresseur a pris en main notre physique et notre cerveau.

Bien entendu je fus encore collé au B.E.P.C. de juin, mais de justesse. Le Directeur : « Il est capable de progresser, je vais le prendre deux fois par semaine pendant les grandes vacances, et à la fin de la prochaine année scolaire il sera largement au niveau. » J'y allais à vélo, 35 kilomètres dans chaque sens.

Effectivement, j'ai fini par l'avoir ce putain d'examen. C'est à ce moment-là que je suis entré comme ouvrier à la mine de fer de mon bled, où je suis resté trois ans. Je devenais, pour le coup, un travailleur de fond.

Je n'ai pas de mots pour remercier cet Homme, et je ne suis pas le seul cancre qu'il ait sauvé du naufrage.

Je vais envoyer cette histoire au ministre de l'Education nationale pour qu'il décore mon Maître à titre posthume.

La gnole

De huit à dix-huit ans et trois mois (permis de conduire en poche).

Comme tout le monde ne sait pas que le cidre est fait avec du jus de pomme fermenté à 7° et que le calvados est du cidre distillé, je le dis.

Dans mon village il y avait autant de sortes de calvados que de fermes, c'était pareil pour le beurre. Chaque paysan faisait sa gnole avec un droit administratif de dix litres d'alcool, ce qui était alors une simple coquetterie administrative, puisque faire du calva « c'est un droit qui nous vient directement de Dieu », et « c'est pas des petits fonctionnaires qui vont venir nous emmerder ». Aussi la quantité bouillie (distillée) dépendait uniquement de la place disponible dans les fûts, tonneaux et autres barriques.

J'ai un copain qui a encore aujourd'hui quelque 6 000 litres de gnole au fond de sa cave derrière un mur maçonné, « c'est pour le cas-où, guerre civile par exemple ». On n'est jamais assez prudent en effet, et « le calva c'est de l'or en barre ».

Bien entendu je ne parle ici que du calva « maison », le vrai, qui n'a rien à voir avec des produits ressemblants que l'on trouve dans les épiceries.

Un calva digne de ce nom est « tiré » de l'alambic à 65-70°, c'est clair comme de l'eau. Ensuite il attend dix, quinze, vingt ans dans un fût de chêne bien propre, jusqu'à ce qu'il soit descendu à 50-55°, et c'est comme du soleil.

Le calva est un produit tout ce qu'il y a de plus naturel, la preuve c'est qu'on en mettait une petite goutte dans le biberon des bébés pour qu'ils dorment tout leur saoul. Il y avait alors, mais ça n'a rien à voir, des enfants qui avaient les genoux cagneux et le cerveau ralenti. C'était à cause de l'hérédité, leurs père, grand-père et arrière-grand-père étaient déjà comme ça, des lignées qui se transmettent tout.

La gnole

La boisson de table était exclusivement le cidre, coupé pour les enfants, pur jus pour les adultes. Le calva c'était pour le milieu du repas et le dessert, sec ou dans le café. On appelait « trou normand » celui du milieu du repas, à cause des trous que ça faisait dans l'estomac.

La boisson du bistrot était le « jus » : dans une tasse, un tiers de « café », deux tiers de gnole, pour ces deux tiers on disait « une goutte ». En fait en ce temps-là le café c'était de la chicorée (Leroux) fabriquée avec des endives torréfiées dans le nord de la France.

La goutte pour le jus c'était de la « fraîche » à 70°. Quand on versait la fraîche dans la chicorée brûlante, rien que les vapeurs donnaient le tournis à ceux qui n'étaient pas natifs du pays. Le jus, boisson démocratique s'il en est, était quasi donné, ce qui permettait aux pauvres d'en boire beaucoup sans se ruiner ; pour la santé, des intellos qui chicanent...

Nous avions nos champions du jus : le boucher, le garde-champêtre, le charcutier et le notaire. Ils se réunissaient au bistrot tous les matins et après-midi pour faire des parties de dominos, très endiablées au début et très désordres après l'effondrement d'un des joueurs sur la table. Deux cuites sévères par jour, sauf le dimanche car les bistrots fermaient après la messe. Quarante à cinquante jus par jour était leur norme, le record a été battu par le charcutier avec soixante-dix, le décompte était notre tiercé de l'époque. Forts comme des bœufs, ça ne les tuait pas mais ça les assommait quand même, et il n'était pas rare qu'ils s'étalent dans la rue pour un somme réparateur, les gens les respectaient et faisaient comme s'ils ne les voyaient pas, « c'est pas la peine de les vexer ».

Pour le notaire, c'est autre chose, un notaire c'est pas comme un charcutier, c'est un notable, et un notable ça se ramasse. Un Monsieur en veston noir, pantalon gris rayé, épingle à cravate en or et chapeau melon, dans le caniveau, « c'est t'y Dieu possible ! » Alors deux costauds l'évacuaient au plus vite chez lui, qu'il puisse cuver confortablement dans son lit. « Faut en prendre soin, peut p'tête ben nous trouver une affaire. » A seize heures il ressortait, fringant repassé (« pauvre femme, ol'a ben du mérite ! »), frais pour la seconde partie de dominos.

C'était donc un village paisible qui avait ses distractions. Et puis le malheur nous est tombé dessus le jour où Mendès-France a été nommé Président du Conseil. Ne voilà t'il pas que ce Monsieur fait boire du lait dans les écoles et qu'il invente une loi* disant que le droit à bouillir ne sera plus transmissible aux héritiers ! « De quoi j'me mêle, j'teul demande. Sacré bon Dieu, ça va chier ! »

La gnole

A l'école, les grands (à partir de douze ans) ont bien essayé de cacher une petite fiole de gnole dans leur blouse grise, mais à cette époque les grognards de la République veillaient au grain. Pour la première fois de leur vie, les fils et filles (parité oblige) de nos paysans durent boire du lait pur, du jamais vu.

En plus de sa loi, le Mendès a créé une espèce de police pour contrôler les surplus de production et les errances de la gnole dans nos campagnes : les « indirects », ou encore la « volante ». Des sévères.

La paysannerie se concerta, pour une fois, et s'organisa : la production continuerait à se faire à la ferme. La volante n'aurait pas de mal à trouver l'alambic en action, car ça sent le calva à des kilomètres à la ronde, « mais qu'ils viennent, y s'ront reçus ! ». D'ailleurs ils ont essayé. Un jour que ça « bouillait » depuis deux jours sur la place de l'église du village voisin, les indirects ont entrepris un encerclement évidemment très vite détecté. Chez nous, dans le bocage, quand on « bouillait », c'était tout autour comme en Amazonie, on croit qu'on est tout seul alors qu'il y a au moins vingt Indiens qui vous surveillent.

Fusils de chasse et chevrotines postés sur les toits, en face fusils de guerre et mitraillettes. Les bouilleurs ouvrent le feu (nourri), d'abord dans les pneus, puis voyant que la volante ne refluait pas, dans les jambes. Moment de stupeur chez les indirects, de colère, de panique. Un petit chef se révèle : « Ouvrez le feu nom de Dieu, on va pas se laisser flinguer par des bouseux ! » Les paysans n'ont pas aimé être traités de bouseux, ils ont carrément tiré dans le tas. Heureusement la chevrotine fait moins de dégâts qu'une balle de 7,65 des Mas 36 des flics. Après deux heures de mitraille et un mort de chaque côté (parité oblige encore), le calme, qui dure, qui dure, les flics rampent jusqu'à la place de l'église. Rien, pas d'alambic, pas de tonneaux, pas de fusils, pas de paysans, rien de rien.

La volante n'a plus jamais ré-essayé de surprendre les bouilleurs de cru, elle concentra désormais ses efforts sur le transport du calva, avec plus de succès malheureusement, comme on va le voir.

Dans la nouvelle organisation, c'est Achille mon voisin, un homme de grande envergure, qui prit en main le transport et la vente du produit. Il fournissait déjà en location les alambics et le pressoir à pommes, engins ultramodernes à déplacement rapide, il allait désormais contrôler toute la chaîne. Achille se procura, je ne sais où, cinq cabriolets Hotchkiss V12 avec un capot moteur long comme un jour sans fin et des jantes à rayons en acier chromé, 250 au compteur. Eblouissant.

La gnole

Tous les soirs nous avions le spectacle du plein des cinq bagnoles. Du fait du partage des tâches dans les couples unis, c'est la Marguerite, la femme d'Achille, qui officiait à la pompe à essence à bras mécanique avec ses deux réservoirs en verre de cinq litres. A chaque fois que l'un était plein ça faisait clac, l'aiguille avançait d'un cran, il se vidait et l'autre se remplissait. Deux cents litres par bagnole fois cinq égalent mille litres d'essence, ça durait deux heures et la Marguerite en sortait lessivée à force de pomper.

Pendant ce temps, Achille et ses quatre acolytes chargeaient la camelote conditionnée dans des jerricanes de vingt litres récupérés de l'armée américaine ; bien rangés on pouvait en caser vingt par voiture, soit quatre cents litres de gnole.

Les destinations étaient Paris ou Bruxelles, aller et retour dans la nuit. Le calva, qui était produit pour 0,60 F le litre, était revendu 11 F le litre à Paris et 13 F à Bruxelles. Le chauffeur recevait 3 F du litre pour Paris et 4 pour Bruxelles, soit un gain de 1 200 F ou 1 600 F par nuit, ce qui était supérieur au salaire mensuel d'un instituteur à l'époque. Achille, le cerveau organisateur et le financier de l'opération, gagnait en gros 16 000 F par voyage. Il est vrai qu'il avait des frais de voiture, des indics à financer et des délicatesses à faire au chef de la gendarmerie locale. Enfin pas pauvre, après trois ans d'exploitation il s'était déjà payé trois hôtels à Paris, dont un de passe.

Ainsi Achille s'enrichissait d'un grand herbage toutes les semaines, néanmoins la Marguerite continuait son petit commerce épicerie-bistrot-pompe à essence : « C't'histoire ça va mal finir. » Il y avait en effet de quoi se faire du souci, conduire pied au plancher des monstres mécaniques, phares éteints, sur les petites routes tortueuses normandes, ça présente des risques. Rater un virage avec tonneaux en prime, on avait une explosion garantie des quatre cents litres de gnole et un chauffeur transformé en méchoui. Tomber sur un barrage armé avec herse en travers de la route, c'était très ruineux : amende égale à mille fois la valeur du litre à payer sur place ou taule directe, aussi en plus de la gnole il fallait trimbaler des valises de liquide.

Pour avoir fait deux transports moi-même, je pourrais vous parler savamment de la trouille au ventre de tomber sur un barrage, je n'en dirai rien pour ne pas à avoir à affronter le regard réprobateur de mes proches d'aujourd'hui. Dans une scène tragique, imaginez ma mère en Marie-Madeleine au pied de la Croix me faisant promettre de renoncer à cette activité dont je voulais faire mon métier. Les parents ne devraient pas freiner les ambitions de leurs enfants.

La gnole

Achille, lui, il s'entêtait. Cinq hôtels et cent hectares. Mais ce qu'il aimait en fait, c'est la montée d'adrénaline. Une amende, deux amendes, faut revendre un hôtel, puis il s'est armé, mitraillette sous le siège. Re-amende et possession d'armes de guerre, ne reste plus qu'un hôtel. Puis il force un barrage, quatre pneus éclatés, il percute la bagnole des indirects, amende et six mois d'hôpital. Il se relève, allez, encore une fois, « c'est la dernière Marguerite ». C'était bien la dernière, tout, absolument tout a été vendu et il ne lui restait plus que des dettes. Achille est cassé, il a alors 55 ans, c'est un petit vieux qui traîne ses pantoufles dans le bistrot de sa femme, il remplit les tasses des clients avec de la gnole que Marguerite achète au prix fort.

Epilogue

– Un jour que le charcutier était très agité par une crise de delirium, sa femme l'a définitivement calmé avec un hachoir à viande. Faut pas boire quand on a le foie fragile.

– Pour un chagrin d'amour inconsolable, le boucher s'est enlevé la moitié du crâne avec un coup de chevrotines.

– Le garde-champêtre a pris sa retraite et a coulé des jours heureux dans une maison du même nom, mais modeste.

– Le notaire est mort à 85 ans, lucide.

– Les enfants dans les écoles ne burent du lait que pendant huit mois. Dès que Mendès eut le dos tourné, les instituteurs, pourtant dévoués, stoppèrent cette beuverie car ils en avaient marre de faire la vaisselle.

– Mendès-France a mis du malheur dans les maisons normandes comme Marthe Richard l'a fait dans les maisons closes. Sarko, qui a du bon sens, devrait revenir là-dessus.

Aujourd'hui chez nous, le peuple boit du Ricard, et les cadres, même très moyens, boivent du whisky, c'est une pitié.

La production de vrai calvados est quasi éteinte, et très bientôt plus personne ne saura la magnificence de cet alcool. Si ça c'est pas triste !

Moi je m'en fous, j'en ai encore 25 litres de quarante ans d'âge, et comme j'en bois de moins en moins car je ne « tiens » plus bien, on m'enterrera avec ce qui restera, ça conserve.

---

* Les décrets d'application de cette loi du 11 juillet 1953 ont été publiés le 1er novembre 1954 pendant le gouvernement Mendès (18 juin 1954 - 5 février 1955), pour nos bouilleurs, c'est donc lui le coupable...

Soixante ans après, il se fait tard...

Les vieilleries

Vieillerie : objet ancien, démodé, usé (« Larousse »). Ainsi ma mère, très jeune dans sa tête à 94 ans, désignait-elle les misères corporelles qui accompagnent l'âge.

Ne pas confondre vieillesse et vieillerie. La vieillesse c'est dans la tête et les vieilleries c'est dans le corps, mais des fois ça communique. Quand les vieilleries c'est trop, ça peut monter à la tête.

Un homme âgé en bonne santé est un senior, voire un monsieur.

Un homme très âgé est un vieux, même s'il est encore vert, et dans ce cas il est parfois qualifié de vieux dégueulasse par les quadragénaires qui rêvent d'un « coup dur » mais qui n'en peuvent mais.

Un homme très âgé cacochyme qui pisse sur ses godasses est un vieillard.

Je suis un vieux, mais si, mais si.

Beaucoup de grands écrivains ont écrit sur la vieillesse, Cicéron, Victor Hugo, Hemingway...

Dans son « Journal », Jules Renard a écrit cette jolie phrase : « La vieillesse arrive brusquement, comme la neige. Un matin, au réveil, on s'aperçoit que tout est blanc. » C'est vrai, la preuve c'est qu'un soir vous voulez et vous vous apercevez que vous ne pouvez plus. Alors le lendemain, vous vous faites des cheveux blancs. Aussi, à partir d'un certain âge, tout type qui fait l'amour doit faire au mieux, car peut-être que demain il y aura de la neige.

Chez les mecs, c'est autour de 50 ans que la vieillesse pointe son nez dans la tête car ils commencent à compter les années conquérantes qui leur restent. Ils trouvent que leur bonne femme vieillit mal, flasque et dépeignée le matin, acariâtre et frigide le soir. Un jour, une secrétaire de 25 ans qui n'arrive pas à payer son loyer plante ses yeux bleu pervenche dans les yeux fatigués d'un quinquagénaire chef de bureau. Subito, le monsieur se sentira de la vigueur. Il paiera le loyer, et de fil en aiguille, si j'ose dire, il achètera le studio. Pourtant il sait qu'il sera cocu dans pas longtemps, s'il ne l'est déjà. Mais les mecs sont comme ça, fascinés par une jeunette comme la grenouille par la couleuvre.

Les femmes ne connaissent pas encore ces problèmes existentiels. Depuis des générations et des générations, les hommes leur expliquent que pour les nanas de 50 ballets, c'est râpé. Bêtement elles l'ont cru, alors elles n'ont pas cherché. Mais grâce aux sites Internet de rencontres discrètes, elles rattrapent le temps perdu, et tant mieux. On va tout droit dans la mondialisation de la partouze. On va se marrer.

***

Après cinquante ans de pérégrinations je suis revenu à La Ferrière pour y finir mes jours, paisiblement. Je tonds le gazon et prends soin de mon potager. De temps en temps je vais faire un tour au cimetière vérifier que mon tombeau est bien toujours là, entre celui de mes parents et celui de mes grands-parents.

J'y ai fait graver mon nom, pour que le moment venu il n'y ait pas de confusion...

Bon, c'est pas tout ça, et si je faisais mon testament ?

Remerciements anticipés à ceux de mes lecteurs qui voudront bien m'écrire pour me donner leurs impressions.
Egalement à mes proches qui ont lu ces souvenirs avant parution, même si je doute quelque peu de leur impartialité, et qui m'ont encouragé à les éditer.

A La Ferrière, décembre 2011.
j.fermin@free.fr